全国幼儿教师培训用书

梦山书系

# 做有智慧的幼儿教师

王萍 ◎ 主编

海峡出版发行集团 | 福建教育出版社

图书在版编目（CIP）数据

做有智慧的幼儿教师/王崟主编．—福州：福建教育出版社，2018.7（2024.8重印）

ISBN 978-7-5334-7913-8

Ⅰ．①做… Ⅱ．①王… Ⅲ．①幼儿教育－文集 Ⅳ．①G61-53

中国版本图书馆CIP数据核字（2017）第264145号

Zuo You Zhihui de Youer Jiaoshi
做有智慧的幼儿教师
王崟　主编

| 出版发行 | 福建教育出版社 |
|---|---|
| | （福州市梦山路27号　邮编：350025　网址：www.fep.com.cn |
| | 编辑部电话：010-62027445 |
| | 发行部电话：010-62024258　0591-87115073） |
| 出　版　人 | 江金辉 |
| 印　　　刷 | 福建新华联合印务集团有限公司 |
| | （福州市晋安区后屿路6号　邮编：350014） |
| 开　　　本 | 710毫米×1000毫米　1/16 |
| 印　　　张 | 13 |
| 字　　　数 | 165千字 |
| 插　　　页 | 2 |
| 版　　　次 | 2018年7月第1版　2024年8月第16次印刷 |
| 书　　　号 | ISBN 978-7-5334-7913-8 |
| 定　　　价 | 30.00元 |

如发现本书印装质量问题，请向本社出版科（电话：0591-83726019）调换。

篇首语　给幼儿最好的教育——爱 / 01

## 理论篇

从教育者到观察者 / 3

助力幼儿树立积极情绪的策略 / 12

善待幼儿的"过错"有艺术 / 18

学会欣赏，与幼儿一起成长 / 25

## 随笔篇

### △行为纠正

失而复得的钻石戒指 / 35

迟到以后 / 39

勇敢的超人 / 43

闲不住的小米 / 47

藏起来的军军 / 51

淘气大王的转变 / 56

老师的"小尾巴" / 60

特别的小班长 / 65

衣服被剪坏之后 / 69

让距离产生"美" / 73

△ **性格习惯**

我们的好朋友 / 77

肚子里的"大懒虫" / 81

不爱讲话的晨晨 / 85

爱哭的小白 / 89

可是我不会呀 / 94

△ **探究学习**

"白云枕头"长脚记 / 98

金鱼的"葬礼" / 103

金牌"守门员"的诞生之路 / 107

一条"小青虫"激发的创造力 / 111

葱兰复活了 / 115

会隐身的鱼 / 119

成成的蓝红色情结 / 123

午间悄悄话 /127

"听"鸡蛋 /131

坦克大战 /135

规则 VS 人情 /140

小帮厨学习记 /144

△**其他**

眼见未必是"实" /150

美丽的花 /155

不要让"标准"扼杀幼儿的自信 /159

可怕的"小黄豆" /163

是谁吐了 /168

两个小领导 /172

孩子，请你相信自己 /177

小班长风波 /182

信任的开始 /187

二胎到来时 /191

做幼儿的好朋友 /195

# 篇首语

# 给幼儿最好的教育——爱

江苏省常州市新北区魏村中心幼儿园　尤明霞

幼儿的成长是一个持续的过程，而学前教育则是为他们的发展打基础的，作为教师，要做的就是平等对待每一个幼儿，尊重他们的成长特点，让他们自由选择学着去探索，只有当教师成为陪伴幼儿一起成长的同行者，走进他们的心灵，教育才能收到水到渠成的效果。而最好的教育就是——爱！

## 爱幼儿的特别

有一天，我带着幼儿们拾落叶。

我问他们："你们手中的树叶是什么样的？"

树叶的大小形状脉络纹理皆被幼儿一一发现并述说。

从大树叶到数量不等的各式各样的树叶，我的要求不断变化着，幼儿们圆满地按照我的要求一次次完成了任务。

"接下来我们要去捡一片特别的树叶。记住，一定要和别的小朋友的不一样哦。"

这个奇怪的要求让幼儿们寻找树叶的脚步慢了下来。

"赶快去找，你们一定能找到的。"我催促中带着鼓励，幼儿们于是四散开来。

过了一会儿，幼儿们逐渐开始归队，兴奋地举着各自手中的树叶。

"请你和小朋友比一比，看看你的树叶是不是特别的？"

幼儿东一簇西一簇地比对着，议论着……

"你的树叶和小朋友的一样吗？是不是特别的树叶？"

幼儿们纷纷举着自己的树叶开始嚷嚷。

昊昊说："我的树叶很特别，和小朋友的不一样。"

佳佳说："我的和轩轩的一样。"

可轩轩立马拿着自己的树叶说："我和佳佳的树叶大小不一样。"

或多或少，幼儿总能找出自己的树叶的特别之处，大到树叶的大小形状，小到树叶颜色层次的不同。

"世界上没有两片一样的树叶，即使是同一棵树上的叶子都不会完全相同，每一片树叶都是特别的，就像你们一样，每一个幼儿也是特别的。"我趁着幼儿们的惊奇感没有消退时一股脑儿说了一大段话，也许幼儿并没有完全听懂，但一定会明白我对他们的爱。

我想，只要他们能因此留下模糊的印象，那么以后他们会慢慢懂得，并始终珍惜自己！因为他们知道"我很重要"！

## 听幼儿说话

有位年轻的同行曾问我："为什么你对幼儿们的回应那么好？怎样才能做到这些呢？"

我该怎么说？

虽然也曾经煞有介事地写过关于教师如何回应的笔记，只是知道自己做得还不够，同行这样评价不过是因为经历太少才给了这样的谬赞。

如果真的有什么是做得勉强可以入耳的话，那么必定是因为我们的教师在认真倾听着幼儿们的言语，心里想着不要伤害幼儿，我要从幼儿的语言中尽力、尽可能多地寻找出有益的教育资源……所有的一切，不过在于心里装着幼儿罢了！

练就一对会倾听、能听懂幼儿们说话的耳朵，理解他们的思维模式，让每一眼活泉都能永远生机盎然！

只要是和幼儿在一起，每一个时刻我们都要学会听幼儿说话，理解他们的想法，我们所做的从来都只是回应而已。

## 看幼儿游戏

围墙边上长着一排高大的香樟树，树上垂下了几根粗粗的麻绳，可以让幼儿们荡秋千。

因为每隔一段距离就有一个绳结，幼儿有时也会借绳爬树。

阳阳每次都很羡慕那些会爬上绳子的同伴，她对着我总结经验：爬绳子一定要穿运动鞋，皮鞋太滑。脚踩住绳结用力往上蹬，去踩上面一个绳结，手抓住上面的绳结把身体吊上去……

虽然阳阳观察得很仔细，方法也不错，可她自己去试过几次，每次都只能蹬踩着最下面一个绳结,在那儿晃悠玩秋千,怎么也爬不上去。

我以为她一定会放弃,因为她很快改玩绳圈了。

平时幼儿们都是从楼梯上踩上去,从绳圈里面穿越到另一头,阳阳却是抓住绳圈往上爬,从圈的外面翻越过去,看得出她玩得很开心,这个玩法让她体验到了成功的快乐。

结果这个小丫头悄悄告诉我:"我在练习爬树的本领。"

从单根的绳到结网的绳圈,阳阳调整了她的游戏策略,她居然领悟到了由易到难循序渐进的道理,实在不能不让人称赞。

一个个游戏的片段,折射出的是幼儿们表现出来的品性态度,身为幼儿童年的陪伴者,我感动着,也学习着。每个人都只有一个童年,我们要做的就是珍惜童年独特的教育价值。

成长是缓慢而愉悦的,我相信最好的教育就是做幼儿最贴心的陪伴者,爱幼儿,用心去观察,用智慧去引导和教育他们。

# 理论篇

# 从教育者到观察者

浙江省杭州经济技术开发区江湾幼儿园　郎晓津

在幼儿园现阶段课程内容建立的过程中，教师们逐渐实现从教育者到观察者的转变，更关注幼儿的个体差异，注重观察记录分析幼儿行为，从而推进幼儿个性化的发展。作为观察者的教师，应该逐渐强调对幼儿行为的观察记录。如何做好观察记录，利用教师的智慧为幼儿的成长提供专业化的指导与帮助，这是我们需要思考的问题。

观察记录主要是在幼儿活动建立的过程中，通过有目的、有计划、持久性的观察直觉，主要是将听到的话、发生的事以及所看到的场景记录，也可以将观察记录定义为在幼儿学习生活活动之中，通过实验记录及观察，幼儿教师将自己的所见、所闻、所思、所想进行记录分析，并将幼儿作为主体，教师作为辅助，对幼儿的行为进行分析，从而使幼儿可以在正确的轨道上健康成长。这就要求教师具备专业的技能和教育的智慧，懂得从细节中观察幼儿的日常行为。

## 活动中观察记录的价值

### (一)观察记录是促进幼儿的健康发展的保障

《3-6岁儿童学习与发展指南》(以下简称《指南》)中指出:"要注意观察儿童在新环境中的饮食、睡眠以及游戏等方面的能力,并采取适宜的技术手段激发他们适应新环境的能力,使幼儿尽快适应幼儿园的人际关系。与此同时,教师也应该在观察、倾听的同时,获取更多幼儿的基本信息,辨别幼儿的状态,有效提高教育的整体效果。"幼儿教育,其核心的任务就是为了促进幼儿的健康发展。在整个教育中,每个幼儿都是个性鲜明的个体,在成长的过程中他们具有自己独特的发展特点,因此很难有一个统一的标准去衡量和判断,这就需要教师根据不同的个体案例,智慧地总结细节,形成不同类型幼儿成长的不同倾向性方案。通过观察记录,可以促进幼儿在自主的状态下进行知识的构建及经验的总结,同时也可以激发幼儿形成积极向上的心理,促进儿童形成自己的行为习惯,为幼儿的健康成长奠定良好的基础。

### (二)观察记录是实现教师专业发展的基本途径

观察记录可以为幼儿教师提供有效的反馈,促进教学活动的整体质量,从而避免教师的专业发展受到一定的制约。观察记录可以实现教师个体理论的转变,逐渐培养自己特定的专业目光,为其专业发展奠定良好的基础。而且,通过观察眼光的形成,可以帮助教师在教学活动建立的同时,做出特定的思考,通过反思观察确立下一次活动目标,从而逐渐优化教师的教学途径。观察记录除了是一门技术活,更需要教师的细心、耐心、用心和爱心,紧跟

幼儿的生活，从细微之处发现幼儿的行为举止，善于从微不足道的事件中发现问题。

### （三）观察记录促进教师对幼儿行为的关注与思考

马拉古奇曾说过："儿童由一百种组成。儿童有一百种语言，一百种手，一百种思想，一百种思维方式、游戏方式、说话方式。"观察记录可以使教师及时发现幼儿的需求及其反应能力，通过对幼儿个性化的分析，实现因材施教，从而使幼儿在活动的同时，树立自信心，也可以充分感受到教师的关心，能更好地适应活动。比如，在幼儿园数学活动建立的过程中，通过系统性观察记录内容的建立，教师可以在活动中充分掌握幼儿的活动状况，从而对其行为进行有效的关注。

**附表1　幼儿园"数数"活动的观察记录**

| 观察内容 | 数数（记录日期：　　　　） 幼儿兴趣：1. 不感兴趣，不愿参与，没有愉悦的体验。 2. 愿意参与，坚持活动。 3. 主动投入，积极参与。 ||
|---|---|---|
| 表现水平 | 1. 数物体（将物体排成一排或是混乱摆放）。 2. 基数原则。 3. 序数原则。 4. 按数取物。 | 1. 一个数词对应数过的物品。 2. 充分掌握数过物品的总个数（说出的最后一个数次是数过物品的总数）。 3. 指出一排物体（保证是10个以内），随意选取任意一个物品询问是第几个。 4. 可以完成15以内的按数取物，例如在很多教具棒中取出13个。 |
| 相关建议 | ||

### 1. 在观察中学会关注每一位幼儿

教师往往把更多的目光投入到那些调皮捣蛋、行为表现异常的幼儿，实际上每一个年龄段的幼儿，发展水平是参差不齐的，不管表现棒的还是表现差的，都应该获得原有水平的提高。教师只有做到在一日活动中，对每一位幼儿的行为进行观察分析，通过观察记录去关注每一位幼儿、了解每一位幼儿，才能促进幼儿个性化的发展。这样的要求说难不难，说易也不易。幼儿人数不少、个体差异明显、教师精力有限会使得工作比较难以开展，但如果教师对幼儿有足够的耐心，化困难为动力，就会减少过程中的疲惫感。比如，初来幼儿园就读小班的含含，在教室里总是表现出坐立不安，一会儿要求喝水，一会儿又要求帮教师洗碗，一会儿又大哭喊叫"老师，赶紧把我卖掉"，一会儿又去抢其他幼儿的玩具。对于如此焦虑的幼儿，我们应多一些宽容，时刻关注并适宜地进行引导。又如，观察到开展"娃娃家"区域活动时，"妈妈"给小娃娃一口气喂了五瓶奶，这个时候教师关注到游戏者的行为，分析扮演"妈妈"的幼儿已经有角色意识，但缺乏正确的科学认知。再如，当教师观察到热门的"小贝壳大舞台"慢慢使幼儿们失去了兴趣时，就要去分析，再次关注观察原因，是不是形式、材料原因，或者增设一些新的辅助小区域，如"音乐租赁吧""美美裁缝店""美啦美啦造型屋"等角色区，来刺激幼儿游戏的积极性。在观察记录中慢慢让教师学会关注、分析，并不断提高自己的反思能力。

### 2. 在观察中学会理解幼儿每一个行为

**案例：**

吃中午饭了，幼儿们都吃得很欢，唯独妍妍一点反应都没有，教师多次提醒她，她就是目无表情地坐着。

"怎么啦，妍妍，你怎么不吃饭呢？"

"老师，我不饿！"

这个时候，先不逼着她吃，因为妍妍每日来得比较晚，两餐时间距离较短，另外妍妍从小由外婆带大，每日主食以喝奶为主，非常挑食。

"好的，不饿就先不吃，等下饿了再吃！"说完教师故意走开！

过了一会儿，教师假装接电话，边看妍妍边对着电话讲："妍妍妈妈，妍妍很乖呢，现在正吃饭呢！哦……妍妍哥哥吃了两碗饭呀，哥哥真棒！"

"老师，还有我，还有我！"妍妍跑到教师身边，然后小声说："老师，我觉得有一点饿了，我也要吃两碗！"

虽然妍妍吃得很慢，但真吃了很多。

这个案例只是来源于一日生活的吃饭环节，在案例中教师发现幼儿不吃饭时，没有直接强迫、威逼幼儿吃饭，也没有说教，而是先暂时给予理解，并在教师的"智慧骗局"中，一步步让幼儿自己主动地吃完饭菜。

## 教学中教师观察记录的现状分析

### （一）教师的观察意识相对薄弱

在现阶段幼儿园课程内容建立的过程中，存在着教师观察意识薄弱的现象，观察教学体系的建立缺乏一定的目的性，从而导致问题的描述出现笼统的现象，使观察活动的建立缺乏原有的价值，针对性的问题分析相对较弱。

与此同时，在幼儿活动的过程中，很多教师只是关注活动的结果，轻视整个活动的过程，而活动过程中幼儿对活动的兴趣以及摆弄材料的细节都是启发教师观察意识的重要环节，因此，教师应该充分认识到活动中观察的重要意义，通过对幼儿活动操作过程的观察，更系统地了解幼儿的心理特点，从而实现因材施教的教育理念，为幼儿的个性化发展奠定良好的基础。

## （二）没有重视观察记录的客观性

在一些连续个性化活动建立的过程中，由于活动主题的限制，一些幼儿教师不能及时发现活动中幼儿的心理变化，当发现自己所预期的目标实现时，其活动的观察也就会停止，从而使整个活动的建立失去了原有的意义。而且，在现阶段幼儿游戏观察记录的过程中，教师并没有重视观察记录的客观性，其具体的内容表现为以下几个方面：

1. 在观察记录的过程中，持续的时间相对较短，没有将幼儿设置在一个完整的情境之中，教师只是抓住幼儿简单的话语或是动作就结束了观察，这一观察的指导行为缺乏一定的系统性，存在着主观性。

2. 观察记录的内容并非自己亲眼所见，而是根据其他幼儿反映的情况进行记录，这些记录的内容很难保证其真实性，这就给真实地分析幼儿实际的发展情况造成了制约性的影响。

出现此类问题的主要原因在于教师没有形成自己的记录习惯和记录体系，导致在日常活动中经常忘记或者没有记录的意识。要养成记录习惯就需要教师培养足够的耐心,用大量时间陪同幼儿进行活动;要形成自己的记录体系就需要教师应用自己的教学智慧,根据幼儿目前的情况和自己的习惯等因素进行合理规划,制定适合自己的记录模式。

### (三)观察结果的分析缺乏有效性

观察结果的分析是教师开展新教育活动以及因材施教活动的重要依据,在整个工作内容建立的过程中,要做到客观、有效。但是,在实际工作的过程中观察活动的建立存在着一些不足。主要原因在于教师的教育智慧应用不灵活,教育智慧也应该因时因地而不断变化调整。

首先,内容的分析与观察内容不相符,观察的内容是某个幼儿的行为,但是所分析的却是一类幼儿的行为,其观点的形成缺乏一定的系统性。

其次,在互动观察的过程中,教师习惯采用静止的观点看待幼儿的发展问题,在观察分析的过程中会出现"幼儿胆小""幼儿不讲礼貌"等语句,缺乏对幼儿行为的系统性分析。

最后,所列举的教育措施不具体,在观察内容分析的过程中,注重对幼儿的强化教育,但是用什么方法以及具体的教育活动没有系统性的分析,也就不能进一步对问题进行分析,失去观察记录的最终意义。

## 教师观察能力培养的基本策略

### (一)提升教师的专业知识

在现阶段幼儿教育事业建立及发展的过程中,应该不断增强教师的专业理论知识,从而为其有效性的观察奠定良好的基础。教师的专业化水平,

是直接影响幼儿发展的重要因素，同时也是有效观察的基本前提，教师在幼儿活动观察的过程中，会着重关注幼儿的表现行为，而对其思考的内容相对较少，所以，在整个观察活动建立的过程中，对于观察后的分析相对较少，也就严重地阻碍了教师有效教育行为的出现。教师的教育智慧在这里起着关键性，甚至决定性的作用，教师的教育智慧直接影响到观察记录能否顺利实施，记录效果能否完善有效。因此，教师的观察行为应该合理分析教学目标及基本的结构，深入学习各个年龄段幼儿的基本特点，通过对《指南》的学习，提高自身的理论水平，实现有针对性观察幼儿行为的目的。比如，在一次幼儿集合比较任务的活动录像中，其任务的目标是让幼儿通过数数画出比8少的小圆点，但是，在录像的过程中幼儿不懂教师是什么意思，会在整张纸上画满小圆点，比8多很多。当这一现象出现时，教师通过《儿童早教数概念发展》的内容对集合进行了比较，分析之后教师才明白，通过数数比较集合的应用，对幼儿而言是具有挑战性的，需要概念之间的相互铺垫，才可以使幼儿得到更好的发展。因此，在整个活动内容建立的过程中，教师要逐渐提升自己的专业水平。

## （二）增强教师的观察意识

教师观察能力主要是指幼儿在活动过程中所表现的动作、语言及表情，通过不断的观察发现幼儿的身心变化，强化其认知能力，充分了解其情感需求。但是，对于这一类的观察内容而言，教师缺乏系统性的认知。因此，教师应提供对观察目的的分析，选择适合的观察角度，获取更多的价值，从而合理地解决实际问题。比如，在幼儿大班歌唱模仿教学活动中，教师可以对本班的幼儿进行分组，8个人为一组，对所给的图片进行内容的分析及模仿。

由于幼儿之间的差异性，相对内向的幼儿会被挤在外围，不能积极参与组内的活动，而其他幼儿则充分表现着自己。在这种状况下，教师要对这些幼儿进行鼓励，活动结束后要认真询问不参与的原因，并对幼儿进行引导，告诉他们："这首歌很好听，要是你可以积极地参与，你的小伙伴会很高兴的，下次积极参与好吗？因为你的歌声很好听，我们都特别想听。"通过这种鼓励性的语言，使内向的幼儿树立自信心。因此，教师应该强化自己的观察能力，通过观察，及时对幼儿进行鼓励，从而为幼儿身心健康的发展奠定良好的基础。

### （三）提高教师的观察能力

教师的观察能力是一种自身综合能力的体现，一个具有观察能力的教师，可以对幼儿的情绪及内心活动进行充分的分析，通过对其个性特点的分析，深入了解幼儿的心理活动。

首先，确定教学的观察目标。在观察的过程中，目标的确定是十分重要的内容。如果没有确定教学目标，很多教师会出现无目的观察的状况，导致观察的结果较为随意，在遇到问题时缺乏分析能力，对这种观察记录会无所适从。因此，通过目标的确定，可以使教师明确自己观察的目的。

其次，建立师生互动机制。在现阶段幼儿活动建立的过程中，对幼儿自主能力的要求相对较高，一些教师较为年轻，适合参与很多活动，而且在活动参与的同时也可以更全面地做到观察记录。教师会在整个过程中，更好地对幼儿的兴趣做出评判，使每个幼儿的能力有所提升，使幼儿在每场活动的过程中都可以不断提升自己的能力，在真正意义上实现观察记录的核心目的，为每位幼儿的发展奠定良好的基础。

# 助力幼儿树立积极情绪的策略

浙江省海宁市实验幼儿园教育集团实验幼儿园　严益天

《指南》明确指出："3~6岁幼儿的情感经验对人的一生具有长远的影响，幼儿如果此时无法集中注意力，性格急躁、易怒、悲观或者孤独、焦虑，对自己不满意等，会很大程度地影响其今后的个性发展和品格培养。"如果负面情绪常出现而且持续不断，就会对个人产生持久的负面影响，进而影响幼儿的身心健康与人际关系的发展。

情绪在教育中起着重要作用，是健康教育的一部分。健康包括两个方面的内容：身体健康和心理健康。大多数人认为只要不生病就表示健康。因此，为了自己的身体健康，大多人觉得多吃蔬菜、多做运动就可以了，从而忽视了心理健康。幼儿园教师是幼儿除父母外接触的第一个老师，担任着重要的教育任务，应该对健康有一个正确的认识。

那健康的正确定义是什么呢？《指南》是这样表达的："健康，是指人在身体、心理和社会适应方面的良好状态。幼儿阶段的健康，就是指发育良好的身体、愉快的情绪、强健的体质、协调的动作和良好的生活习惯和基本生活能力。"随着幼儿年龄的增长，情绪开始有所反应，常常出现心情的大起大落。比如有新玩具、有朋友玩、老师的批评与表扬……都会使幼儿的情绪有所变化。

所以，在这个阶段的幼儿就像多变的天气一样，一会儿晴一会儿雨。

《指南》中指出："营造温暖、轻松的心理环境，让幼儿形成安全感和信赖感。保持良好的情绪状态，以积极、愉快的情绪影响幼儿。发现幼儿不高兴时，主动询问情况，帮助他们化解消极情绪。"可见，引导幼儿树立一个积极的情绪是何其重要！

## 积极情绪对幼儿的价值

### 1. 积极情绪激发幼儿学习的动力

积极的情绪不但能促进幼儿的身心健康发展，还能激发幼儿学习的动力。心理学家哈洛克曾用实验表明："对幼儿来说，受到表扬而引起喜悦、快乐等积极情绪，可以促进其智力发展。"在幼儿园，幼儿因情绪变化而影响其学习，多鼓励和表扬幼儿，使其尝试成功等体验，都有可能帮助幼儿获得积极的情绪，从而进一步激发幼儿学习的欲望，提高学习积极性。

### 2. 积极情绪提高幼儿学习的质量

积极的情绪使幼儿有学习的动力，同时也提高学习的质量。无压抑感、充满激励的情绪氛围，使幼儿感到安全和愉快，在这样的环境中生活和学习，幼儿才有敏捷的思维、丰富的想象，从而满怀信心地去创造，这样就大大提高了幼儿学习的质量。

## 现阶段对于幼儿情绪的研究现状

### 1. 理解误区

在园的一日生活中，教师会把幼儿的需求误认为只有吃喝拉撒睡，只

要身体健康就可以了，却忽略了其隐藏的教育意义。把活动中对幼儿情绪的管理片面地看成一般的行为不重视，从而忽视幼儿良好的品质、行为的培养。

2. 主观忽视

目前，不少幼儿都会存在一些心理不健康或是行为异常的现象，有可能是因为家庭教育的问题或是幼儿心理发展不健康等原因所导致，比如，自私、脾气暴躁、攻击性强等行为。但幼儿园现阶段的管理模式大多是采用保健的教育形式，心理健康的教育在很大程度上被轻视与忽视，幼儿出现心理问题时，教师往往关注较少。

3. 不得"法"

幼儿的情绪不稳定，往往不易发现或被教师忽视，有时教师即使注意到了也只是一句安慰的话语，往往不能深入地了解其消极情绪的原因，也不知道应该采取怎样的方式来对待消极的情绪，更不晓得如何引导幼儿在一日生活中树立积极的情绪。

## 实践策略

### 1. 策略一："心情小屋"

记得有句话是这样讲的："和智者在一起，你会变得更睿智；和乐者在一起，你会变得更快乐。"这句话表明，人是易被外界环境影响与感染的。每个幼儿都有自己的个性和丰富的内心世界。虽然他们年龄小，但是也会有烦恼和不开心的时候，我们的教育就是要给幼儿一个健康快乐、五彩斑斓的童年。

可以在教室里创设一个"心情小屋"，幼儿在不愉快时，可以到"心

情小屋"宣泄情绪,从而让其心情变得晴朗起来。他们可以在小屋里面抱着喜欢的玩具说说话,可以在小沙发上玩过家家,可以躺在小床上和老师或小伙伴说说悄悄话,也可以在敲敲打打中感受音乐的美妙,从而转移和分散自己不良的情绪。"心情小屋"是幼儿们宣泄情感的快乐城堡,来到这里,会让他们的心情变得像晴朗的天空一般清澈湛蓝,这种积极的情绪使幼儿们接受到最真实的情感教育。

### 2. 策略二:"心情果篮"

在园一天的时间,幼儿们的心情也会有发生变化的可能,这就需要教师留心观察,做一些相应的工作。所以,在活动室环境创设中,可以为幼儿设置一些心理健康教育板块,以不同的图卡形式记录幼儿在园时的心情,这样教师就可以根据幼儿选择的图卡进行适时的心理疏导。

**案例:**

午餐时,伴随着优美的音乐,幼儿们陆续进入盥洗室盥洗,准备就餐。这时,有一名幼儿一声不响地从教师的身后向卧室外走去,然后在"心情果篮"墙饰前站住,伸出小手把自己照片上面画有笑脸的"红苹果"翻转过去,变成了不高兴的"青苹果",这一连串的动作让教师尽收眼底。教师赶忙走过去问这名幼儿:"怎么了,你不舒服吗?"顺手摸了摸她的额头。这名幼儿两眼直直地盯着今天的午餐,嘴角开始微微颤动,眼泪在红红的眼眶里打转。这时,教师明白了,原来是小家伙不喜欢吃今天的饭菜……于是,教师看着今天的午餐,给这名幼儿编了一个故事,这名幼儿听过故事露出了笑脸,而"心情果篮"里的"青苹果"不知何时也被翻转成了"红苹果"。

### 3. 策略三："心情贴纸"

小班幼儿入园有焦虑情绪，生活中大多数时候面对的是家人的围绕和陪伴，一切以自我为中心，想怎么做就怎么做，在幼儿园集体生活中受到很大的约束，在新环境中缺乏安全感。所以在离园前，我们设置了"心情贴纸"，缓解幼儿的焦虑心情，通过这样的鼓励方式，让幼儿变得喜欢上幼儿园。比如，一次快要放学了，家长们已经在门口准备接幼儿，由于时间紧迫，教师就没有发放贴纸。第二天，贝贝的妈妈送贝贝来幼儿园，告诉教师贝贝不愿意来上幼儿园，教师问贝贝："小贝贝，为什么不愿意来幼儿园呢？"贝贝说："我昨天不乖，老师没有奖励我贴纸。"教师恍然大悟，原来每天的贴纸奖励也是对幼儿的一种鼓励，激发了他们对上幼儿园的兴趣，让他们每天都有一个好心情。

### 4. 策略四："心情涂鸦"

幼儿的心情可能因为教师的一句批评、一句表扬或是同伴的一些争吵等产生变化，需要教师时刻关注与引导。但是有时候教师也会忽略一些，所以设置一块"心情涂鸦"，可以让教师清楚地知道幼儿的心情变化。比如，中班的幼儿开始有自己的主见，遇到事情会告诉老师或是同伴之间协商解决。一次玩游戏时，恩恩和闹闹都争着想当医生，争着抢医生服，谁也不让谁。刚开始教师让他们自己协商解决，可是他们一直争抢衣服，没想着解决的办法。后来，教师让他们石头剪子布决定，恩恩输了，他很不开心地走开，来到涂鸦墙上，将今天的心情涂成了黑色。在活动结束时，教师让幼儿们讨论，恩恩心情变得不美丽怎么办，闹闹说："下次我让恩恩玩。"……之后，大家又看到恩恩开心的笑脸了。

## 5. 策略五："心情乐章"

"乐者，乐也！"这句话说明音乐对人具有愉悦的功能。音乐是一种情感艺术，具有调节人的情绪、升华人的情感的功能。它通过扣人心弦的旋律变化，以及悦耳动听的音色和活泼欢快的节奏变化来表达人类的情感。幼儿在园一日生活的各个环节中，我们时刻利用音乐这种愉悦功能，保持愉快而平稳的情绪，从而使大脑及整个神经系统处于良好的活动状态，达到心理活动协调一致的功效。

迎着阳光，背着小书包，听着欢快的儿童歌曲进园，目的是调节幼儿神经的兴奋度，使幼儿从早晨刚刚醒来的懵懂状态进入快乐的情境，开始一天的美好生活。一场集体活动结束后，健康欢快的音乐响起，教师带着幼儿来到操场，用绚丽的舞蹈，让幼儿们在音乐的伴奏下尽情释放出体内的活力。半天活动后，到了进餐时间，这时的音乐注重为幼儿创设一种轻松、愉悦的氛围，优美舒缓的轻音乐在幼儿们的耳边轻轻响起，带着活动后的激动和运动后的疲惫，柔和的音乐使幼儿的动作变得更加轻柔，他们慢慢、细细地咀嚼，从而促进自身机体对食物的消化和吸收。为了让幼儿在下午的活动中更加投入，伴随着音乐组织幼儿进行午睡，然后再听着优美舒缓的音乐慢慢醒来，幼儿们高高兴兴地哼唱小曲，愉快地融入到下午的各项教育活动之中。可见，背景音乐就好像幼儿心情的调节器，在促进与保护幼儿的心理健康方面，发挥着不可替代的作用和价值。

美好的情绪，才有美好的一日生活。幼儿的情绪反映幼儿在园是否健康，需要教师能够关心、爱护、尊重，与幼儿结为朋友，仔细聆听幼儿的想法与感受，使每个幼儿能够健康快乐地成长。

# 善待幼儿的"过错"有艺术

*江苏省无锡市善德幼儿园　张晴艳*

幼儿年龄小，对事物的认识和判断能力有限，所以在一日生活中常常会有违反常规的顽皮、捣蛋的行为，即我们成人所谓的"错误"和"不良行为"。面对幼儿的"过错"，教师该如何对待呢？我们应以尊重幼儿为前提，理解、宽容幼儿并透过幼儿的错误行为，寻求幼儿的真实需求，顺应幼儿的兴趣，接纳幼儿的错误，通过助、推、导等方式，促进幼儿积极主动地学习与探索。

幼儿教育的改革在很大程度上解放了幼儿的手脚，幼儿有了更多的自主权，他们思维活跃，做事大胆。然而由于经验缺乏，能力有限，他们的所作所为又常常事与愿违，违反常规、出错等行为不断出现。面对这些，教师绝对不能用一些极端的方式来处理幼儿的错误行为，如训斥、惩罚等，因为这些方式虽然能制止幼儿的错误行为，但在许多情况下，惩罚并不能保证幼儿产生正确行为，也不能保证幼儿懂得应该怎么做。

《幼儿园教育指导纲要（试行）》（以下简称《纲要》）指出："教师要关注幼儿在活动中的表现和反应，倾听、理解幼儿的想法与感受……"

实际上成长中的幼儿，没有所谓的"过错"，只有"经验"。善待幼儿的"过错"，是一种理解、一种超脱、一种宽容、一种升华，也是一种睿智、一种自信，更是一种充满艺术的美丽教育。

## （一）寻求幼儿真实需求时的"助"

幼儿是勇于实践的探索者，在一日生活中经常表现出积极主动的探究和认识周围世界的强烈欲望。他们会把自然角里的植物拔出来，看看它们的根是怎样的；会把蛤蟆砸死，为的是给它举行葬礼；会把蚯蚓截成一段两段，看看它会变成几条蚯蚓。这些与众不同的想法和做法从表面上看似乎带有破坏性，教师们往往会误解幼儿的探究动机，将其作为错误行为加以指责，甚至视为品德问题而严厉批评，使得幼儿没有一个安全的心理环境。事实上，如果教师能耐心地观察和倾听幼儿，真诚地询问和了解幼儿，就能发现幼儿行为背后的真实动机和意图，便可以为此"助"幼儿一臂之力，引发其新的思考与讨论。

### 案例：金鱼爱喝酸奶吗？

点心时间，立立从自己的小书包里拿出一瓶酸奶，刚喝了几口，突然跑到自然角里去看金鱼了。接着他把酸奶倒入了鱼缸，还不停地叫唤："金鱼快吃，金鱼快吃。"

教师赶紧跑过去一看，鱼缸里白乎乎的，两条金鱼东倒西歪早已翻起了白肚皮。其他幼儿也都跑来观看，纷纷指责立立弄死了金鱼。

立立委屈地说："我不是故意的，我想看看金鱼喜不喜欢喝酸奶。"

弄清楚事情原委后，教师便组织幼儿们讨论：金鱼为什么会死？金鱼

喜欢吃什么？

"金鱼喜欢吃小鱼虫，还喜欢吃饼干屑、饭粒……"幼儿们根据自己的经验纷纷讨论着。教师把幼儿们说的都用图示记录下来，因为一个有趣的观察活动已在教师脑海中生成。

第二天，教师又重新买了几条金鱼，分别养在几个容器中，并准备了饼干屑、饭粒、小鱼虫等食物。让幼儿们做观察、实验，让他们把金鱼爱吃的食物记录下来。此次活动使幼儿们对金鱼的食物产生了探索的欲望，极大地调动了幼儿们的观察兴趣和观察的耐心。

案例中可以看出，教师透过幼儿的破坏性行为，找到了幼儿的真实需求，发现了幼儿善良美好的行为动机，看到了幼儿潜意识的探索欲望。由此而提供机会"助"幼儿一臂之力，借助开放性的问题，让幼儿们对金鱼的食物进行探索性学习，并取得了很好的教育价值。调动了幼儿们观察探索的兴趣，从而也使师幼之间产生了积极有效的互动，形成了良好的师幼关系。

## （二）顺应幼儿兴趣时的"推"

幼儿天生爱探索，对许多事物感兴趣。这许许多多幼儿感兴趣的事物和想要探究的问题本身就已经暗含着教育所要追求的许多价值和目标，所以只要是在安全的前提下，教师就应该顺应幼儿的兴趣，促进幼儿去尝试、去探究、去发现，帮助幼儿建构新的知识。但幼儿的观点和兴趣常常与教师不同，顺应幼儿的兴趣和观点会使幼儿有安全感，因为在心理安全的环境中，幼儿作出的回答和解释会真诚地来源于自己对事物的真实感受。因此，当幼儿的回答与教师预想的结果不同时，教师要特别引起注意，更要尊重并努力

寻求幼儿的真实认识及其来源，支持和鼓励幼儿探究。

### 案例：毛毛虫

一次园内进行美术观摩活动，幼儿们正在专心地画画，上课一向不认真的成成一直对着自然角发呆，教师提醒了他几次，但仍然没用，他居然擅自跑到了自然角里。正在教师刚想提醒他回到座位上时，成成却大喊起来："老师，叶子上有一条毛毛虫。"

幼儿们听到后，纷纷放下手中的画笔跑向自然角。

有的幼儿说毛毛虫要吃叶子，应该马上弄死它；有的幼儿说毛毛虫会变成美丽的蝴蝶，不要弄死它。幼儿们对要不要弄死毛毛虫争论不休。

教师虽然很着急，但她没有立即阻止幼儿，而是找来一个透明的容器把毛毛虫装进里面，然后对幼儿们说："我们把毛毛虫装在这个容器中，摘一些叶子看看他怎样变成蝴蝶吧！"

最后，幼儿们终于心满意足地回到了座位上继续画画。

从此，幼儿们天天观察毛毛虫，渐渐了解到了毛毛虫的生长过程，但结果毛毛虫并没有变成漂亮的蝴蝶，而是变成了一只灰色的蛾子。这个结果让幼儿们纳闷不已，不过教师立即又引导幼儿们探索蛾子与蝴蝶的不同，并由此而生成了关于"蝴蝶与蛾子"的主题活动，通过户外捕捉、饲养，同时寻找资料、图片等不同的学习方式帮助幼儿寻找其中的奥秘。

画画活动中，幼儿的行为突然之间脱离了教师预设的主题，这显然与常规不符，但教师没有因此而立即制止幼儿，而是以支持者、引导者的身份

帮助幼儿引发了新的教育生长点，顺应了幼儿的兴趣，满足了他们的需求。

兴趣是最好的老师，是主动学习的内在动力。幼儿的年龄特点决定他们习惯于根据自己的本性，按着自己的兴趣和思维水平来决定学什么和不学什么。一切强制性的学习或靠教师维持纪律的学习是收不到良好效果的。幼儿可能迫于成人的压力坐在那里"接受教育"，但人在心不在，也是枉然。所以，教师要深入到幼儿的活动中，去发现幼儿的多种需求，包括从幼儿的一些负面行为中分析、判断他们的兴趣与需求，去理解、尊重他们，适时适当地"推"幼儿一把，以促进幼儿积极主动探索，把幼儿的学习兴趣推向较高的层次。

### （三）接纳幼儿错误时的"导"

美国明尼苏达大学的丹加特来博士分析了儿童错误行为的三种水平：

第一种水平是尝试水平，它是错误行为的最温和形式。在这一水平，幼儿表现出某种行为是在试图学习如何行动，是在试验周围环境对自己行为的反应。

第二种水平是社会习惯水平。幼儿学习或表现出某种行为是因为他们错误地认为这样做是对的。

第三种水平是情感需要水平。幼儿在生活中遇到不如意、不顺心的事情时，他们常以激烈的方式对外界做出反应，以宣泄自己的情绪。

在幼儿园一日生活中，面对幼儿各种不合规范的错误行为，不少教师经常采取惩罚的方式。惩罚虽能制止幼儿的错误行为，但很容易伤害幼儿的自尊心，使幼儿产生逆反心理。对待幼儿错误行为的积极教育方式是引导，引导是帮助幼儿理解并实践有意义行为的过程，引导的目的在于以积极的师幼

互动方式培养幼儿的自律能力，发展幼儿积极的自我概念和自我评价能力。

当某个捣蛋鬼天天做着恶作剧，令教师心烦的时候，其实正是这个捣蛋鬼表示需要教师的理解和关注。如果教师不分青红皂白地去制止，那么捣蛋鬼的行为只会变本加厉。其实每个幼儿都有别人所不具备的长处，那就要看教师是否悉心观察，如果教师只盯住幼儿的过错，无疑是加重疮疤的疼痛，对于幼儿幼小的心灵是一种侵蚀，是一种伤害。教师应做的是最大限度地理解、宽容、善待每一位幼儿。

**案例：沙地里的小蜈蚣**

有一次，教师组织幼儿们在沙地里玩游戏"小兔种萝卜"，忽然几个幼儿脱离集体跑向一边，原来杰杰小朋友用小铲子挖出来了一条小蜈蚣，正在吓唬小朋友呢（捉一些小虫子吓唬小朋友是他常做的事情）。胆小的幼儿被吓得乱跑乱叫，任教师怎么呼唤，杰杰都置之不理，原本有序的活动变得乱哄哄的。

情急之下，教师干脆放弃了原来的计划，引导幼儿一起来探索小蜈蚣的秘密。

"小朋友们别害怕，我们一起来看看小蜈蚣在沙地里想干什么？"

杰杰听后把小蜈蚣放在了沙地里。

在教师的引导之下，杰杰和其他小朋友兴致勃勃地观察起了小蜈蚣，了解到了蜈蚣的许多外形特征，还看到了蜈蚣钻洞的本领，并对蜈蚣吃什么也产生了兴趣。

后来杰杰和他的爸爸妈妈还帮忙一起搜集了关于蜈蚣及其他小昆虫的

图书、图片、视频等许多资料,之后杰杰对小昆虫产生了极大的探索兴趣,而且再也没有拿小虫子吓唬人了。

在此案例中,教师从杰杰爱拿小虫子吓唬小朋友的"攻击性"行为中,既看到了幼儿淘气、调皮的一面,同时也看到了幼儿行为背后隐含的闪光点:胆大、勇敢、喜欢小虫子。教师没有对幼儿的"过错"立即加以批评,而是以宽容接纳的态度善待了幼儿的这一"错误"行为,并引导幼儿深入观察、探索,培植了他的闪光点,也内化了幼儿的行为。在一日活动中幼儿出现"错误"行为的原因很多,教师首先要做的不是批评、指责或者惩罚,而是应该了解幼儿错误行为出现的原因及表现水平,以理解和尊重的态度对待幼儿。

由上可以看到,教师采取助、推、导的方式,善待了幼儿的"过错",用教育的智慧、艺术促进了幼儿积极主动地学习与探索,促进了师幼之间的互动,使得教师与幼儿的关系更加亲密、和谐、融洽,充分体现了教育中的尊重幼儿。

错误在所难免,善待幼儿的错误,艺术地对幼儿进行教育,会使教育更彻底,更具有说服力,更令幼儿心服口服。从尊重开始,从保护开始,给每一个幼儿宽容和爱,接纳幼儿行为中出现的"错误",留心其背后隐藏着的、更深层的、没有得到满足的需要,在满足其需要的基础上顺应幼儿的兴趣,引导其发展,用艺术化的教育方式减少师幼之间的摩擦,增进师幼之间的关系。

# 学会欣赏，与幼儿一起成长

江苏省无锡市杨市中心幼儿园　赵陈波

在社会生活中，每一个人都渴望得到别人的欣赏，同样，每一个人也应该学会去欣赏别人。欣赏与被欣赏是一种互动的力源，教师必须学会用欣赏的眼光来看待幼儿的所思所想、所作所为。欣赏幼儿的"异想天开""刨根问底""特立独行""心灵手巧"……

多给幼儿一些欣赏，从中发现他们的优点或潜能，挖掘他们的闪光点，使幼儿鼓起自信的风帆，在人生的航道上劈波斩浪、奋勇向前。

多给幼儿一些欣赏，从中发现他们的缺点或心理异常，及时给予帮助和引导，促使幼儿健康快乐成长，拥有一个快乐童年。

古诗云："横看成岭侧成峰，远近高低各不同。"看物是这样，看人又何尝不是？幼儿们就如同一幅画，颜色鲜艳、丰富多彩，每一个幼儿都有自己的长处和闪光点。幼儿作为发展中的个体，固然存在这样那样的不足，尽管如此，教师也要保持用欣赏者的眼光看待幼儿，让幼儿感受到教师对他的关怀、爱护和肯定，让幼儿沐浴在欣赏的阳光下，教师的欣赏正是他们学习和创新的目标和动力。

## 1. 欣赏幼儿的"异想天开"

"异想天开"指的是一种想象力。在幼儿的心灵里，总是映现出一片多彩的天地，在他们的眼里能折射出一个五彩缤纷且奇异的世界。当幼儿仰望晴朗的夜空时，能产生一幅幅奇妙的幻想；当幼儿听着美丽的童话故事时，会随故事中的主人公进入神奇的世界，产生一些不可思议的联想。特别是一些爱异想天开的幼儿，会说出一些教师认为不着边际的话。有人会说幼儿胡思乱想或胡编乱造，其实，幼儿这种"异想天开"就是一种想象，这种想象也是人们进行创造性劳动不可缺少的心理品质。

我们应经常鼓励幼儿们异想天开，为他们创设、激发想象的气氛，诱发他们的想象力。比如，可以开展"续编科幻故事"活动，教师在讲科幻故事时，语言要形象、生动，在交代清楚时间、地点、人物、主要故事情节后，留有充分的余地，让幼儿们大胆地想象、异想天开，编一句话、一段话或续编故事的结局，这种结局可多元化，不求完美。这样既训练了幼儿的语言表达能力，又激发了幼儿的想象力，教师切忌因为幼儿的异想天开做出批评，这样只会扼杀幼儿的想象力。

爱因斯坦认为："想象力比知识更重要，因为知识是有限的，想象力概括着世界上的一切，推动着进步，并且是知识进化的源泉。实在地说，想象力是科学研究中的实在因素。"幼儿丰富的想象力决定了他们常会有些奇思妙想、奇谈怪论，这表示他们善于冲破思维的樊笼，打开想象的翅膀，喜爱在更为广阔的天地中让思维翱翔。比如，一次大班科学活动中，教师让幼儿们畅谈梦想，幼儿们说：

"将来我想发明一种食物，吃一点可以一年不用吃饭。"

"将来我要种带颜色的棉花，衣服永不掉色。"

"将来我要研究一种技术，让死去的英雄复活。"

"将来我要研究一种人造心脏，让患有严重心脏病的人再活20年。"

"将来我要发明一种药，让老鼠吃了可以长得像羊那么大。"

"将来我要发明自动节约用水的水龙头。"

"将来我要到月亮上去生活，因为月亮上没有化工厂，没有污染。"

……

幼儿们这些看上去异想天开的想法，真的是错的吗？这说明幼儿的想象力远比成人大胆、丰富，另外，科技如此发达，未来不可预料，今天的幻想或许会成为明天的现实，当初苹果掉在了牛顿头上，谁会想到他会因此成为伟大的科学家？

### 2. 欣赏幼儿的"刨根问底"

生机勃勃的幼儿，他们总是睁大好奇的眼睛，带着求知的渴望，观察他们周围的一切事物，他们会不知疲倦地向成人发出一连串的疑问。老人们常说："这个年龄段的幼儿，怀里揣把镐，总爱刨根问底。"2~3岁的幼儿经常问"这是什么？""那是什么？"，到了4~5岁时，就爱问一些"为什么？""后来呢？""这是什么做的？""那是什么做的？"……随着年龄的增长，问题会变得更加具体。遇到这种情况，并不是所有教师或家长都有耐心解答这些问题，甚至有些教师、家长会被问得很烦，就没好气地说："就你事多，哪来这些为什么！"于是，不自觉地便抑制、扼杀了幼儿创造力的"幼芽"。

幼儿们的好奇心不仅表现在看、问、听上，还表现在经常不停地动手触摸，摸摸这个摸摸那个，大人越不让动的东西，他们就越想动一动，看看到底是什么，是怎么回事。我们经常看到有些幼儿动手拆玩具，大多时候是把玩具拆坏，很难再安装上。此时大人们就会训斥幼儿搞破坏，其实幼儿拆玩具应视为一种"可爱的缺点"，因为这是幼儿探索创造的开始。

幼儿是最富有好奇心的，对于一切的未知，他们爱寻根究底，他们的求知欲如此旺盛，他们的"为什么"总是那么多，而总会有那么多的问题是成人都不知道的。面对这些，我们能简单而粗暴地斥之为"无理取闹"吗？答案当然是否定的。爱迪生自幼"为什么"不离口，从"鸡为什么把蛋放在屁股底下""蛋怕不怕着凉"等问题，一直追问到"把蛋放在屁股底下暖和暖和就能孵出小鸡吗"，如此看似"无理取闹"的问题，在今天看来，却是爱迪生后来成为"发明大王"的先兆。可见，幼儿们提出的问题，不论它是否合理，都应该引起我们用欣赏的眼光看待，因为那并不是无理取闹，而是促使人走上知识之路，进而走上创造之路的动力。反之，我们应积极开展"人人争当小问号"等活动，相信幼儿，从而保护、激发、肯定、培养幼儿的好奇心，多一些耐心和智慧，帮助幼儿成长。

### 3. 欣赏幼儿的"特立独行"

经常会有一些这样的幼儿：在教师指导他们游戏，讲解游戏方法时，他们在下面不听教师讲述，自顾自地摆弄材料或开发新的游戏方法，当其他幼儿开始分组活动时，他们又开始自作主张，单枪匹马去"历险"，显得那么的特立独行，且又不遵守游戏规则。比如，在开展"沉与浮"活动时，因为材料的多样性所带来的新鲜感，使很多原本就比较调皮的男孩子按捺不住要跃跃欲试，哪还等得及听教师"婆婆妈妈"的讲解。等到分组实验的时候，没过多久就有幼儿急急且欣喜地告诉教师："老师，东西沉下去了！"教师问："你做了哪一个实验，是什么东西沉下去了？"他咽了口唾沫，似乎感到自己犯错了，小声说："我想知道鞋子放水中会不会沉下去，但是它沉下去了。"教师有些哭笑不得！显然不采取任何措施是不对的，有可能幼儿还会再犯，需要教师运用智慧加以引导。

**案例：**

在一次区域活动中，动手区中提供了一些废纸让幼儿们折纸，幼儿们分别折出了小动物、飞机、花朵等，而心心折出了小船，但谁知她拿着小船跑到水池旁把自来水龙头打开，将小船放到水池里，然后大声嚷嚷着："哈哈，小船开了。"一下子引起了很多幼儿的围观。

因为心心分别用三种不同的纸做了小船，其中的报纸小船很快进水沉了，随后是图画纸小船慢慢沉下去，只剩下挂历纸小船尚好，幼儿们对此议论纷纷……

面对这种现象，教师自知不能任由幼儿这样下去，但是强加干涉只会适得其反，寻思片刻后，教师改了主意，于是适时介入。教师问幼儿们："那你们知道什么样的小船跑得更远吗？"

幼儿们一下子全盯向教师，教师笑着说："我们再来试试吧。"

幼儿们飞快地又拿来三种不同纸质的小船，教师将水槽塞拿掉，三只小船同时下水，顺着流动的水，小船开动了。

"啊，报纸小船走得最快，是第一名，可惜沉了！"

"图画纸小船第二名，但是也进水了。"

"挂历纸小船最后一名，可它还是好好的。"

趁此机会，教师追问："那么，谁能装更重的东西跑得更远呢？"

幼儿们又兴致勃勃地开始忙碌起来……

案例中教师用欣赏的眼光看幼儿，尊重了幼儿的意愿，相信幼儿，允许他们"特立独行"开展设想活动，同时又适时介入，留有余地提出问题，让幼儿们自己发现、探索，幼儿的思想火花碰撞并得到升华，获得了新的体验和发展，感受到了成功的喜悦。

### 4. 欣赏幼儿的"心灵手巧"

教育家陶行知说过:"儿童的智慧集中在他们的手指尖上,即心灵手巧。"因此,我们要用发展的眼光来对待幼儿,珍重幼儿的幼稚和纯真,宽容幼儿的无知与过错,积极地鼓励他们,让幼儿的优点发扬光大,让幼儿的缺点变为教育的切入点。

新课程强调:"只鼓励,不指责。"欣赏幼儿经过辛勤努力所做的杰作,对幼儿来说是一种莫大的激励,使幼儿从中看到自己的价值,增加幼儿进一步努力的信心。"教学不在传授,而在鼓励鼓舞"就是这个道理。

常常会有这样的时候:要做游戏了,可是有些游戏材料难以搜集到,或者平时经常见到,但是用的时候又找不到了……幼儿们常常会给我们一些意外的惊喜:

"老师,玻璃小瓶子能不能用蜂王浆瓶子代替?"

"老师,口哨能不能用我的水笔盖代替?吹了也能发声的。"

……

只要能达到游戏的良好效果,并不一定要规定材料的大小、形状、性质,为什么教师想不到呢?因为教师是一个人,而幼儿们是一个群体,这就需要教师学会集思广益,毕竟一个人的想法是有限的。又如,让幼儿从家里自带泡沫小球进行沉浮实验,结果发现有部分幼儿没带。按照约定,只能"参观实习",但是幼儿们"灵机一动",他们向教师要了一张纸,撕碎了以后捏成若干个小球,效果和泡沫小球不相上下。这让教师惊呼,幼儿们如此聪明、有智慧!我们为什么一定要规定幼儿带我们所要求的材料呢?有些材料短期之内并不容易找到,我们完全可以换个思路,用生活中常见的东西来代替。那些平时被我们视为废品的东西,在幼儿们的手里,同样会焕发出独特的光彩。谁能说那些"废品"是废品?生活中被我们丢弃的盒子、易拉罐

何其多！幼儿都有一双小巧手，可以把它们变废为宝。如果教师能够蹲下来，用欣赏的眼光去看待幼儿，会发现幼儿个个都是"能工巧匠"。

培根说："欣赏者心中有朝霞、露珠和常年盛开的花朵，漠视者冰结心城、四海枯竭、丛山荒芜。"欣赏是热爱生命，善待生命，是幼儿生命中无形的阳光、空气和水。欣赏是沟通，是平等，是生命之间交往的桥梁。欣赏是一种给予、一种馨香、一种理解、一种信赖与祝福、一种激励与引导，可以使人扬长避短。教师要有一双善于发现的眼睛，细心、耐心、用心地观察幼儿，运用智慧教育幼儿，与幼儿一起学习、进步。

# 随笔篇

# 行为纠正

## 失而复得的钻石戒指

北京市大兴区第一幼儿园 韩雪

早上来园时,丹丹就显得格外高兴,不管做什么都一副神神秘秘的样子。洗手的时候,盥洗室的几名幼儿围住丹丹,他们似乎在谈论什么事情。后来然然跑过来告诉韩老师,原来丹丹今天戴了一个漂亮的"钻石戒指"来园。

女孩子都是爱漂亮的,她们有时候会忍不住带来自己喜欢的漂亮"首饰",以引起班中其他爱美的幼儿不住地羡慕,今天就是这样。韩老师把丹丹叫到身边看了看她的"钻石戒指",果然很漂亮,上面镶嵌了一大块亮闪闪的蓝色宝石。但是,戒指的存在严重影响了幼儿们的正常活动,整个晨间,好几名幼儿都围着丹丹想试戴这枚戒指,现在是吃饭时间,可有的幼儿连手都不洗了。

韩老师对幼儿们说:"戒指真的很漂亮,老师也好喜欢啊,可是我看到小朋友都不做事情了,你们有什么办法吗?"

幼儿们你一言我一语地说着。

晶晶说:"以后不让小朋友从家里带东西了。"

亮亮说:"先把丹丹的戒指给老师保管,走的时候再还给她。"

晨晨想了一下说:"我们可以在区角表演'巴拉拉小魔仙'的时候用。"

韩老师又问:"如果小朋友都抢着去表演区怎么办?"

轩轩大声说:"我们轮流玩,保证不吵架。"

于是韩老师趁机继续问:"现在是吃饭时间,你们觉得丹丹的戒指该怎么处理呢?"

幼儿们齐声回答道:"交给老师保管。"

韩老师把丹丹叫到身边轻声询问:"你同意小朋友们的意见吗?"

丹丹高兴地点了点头,放心地把戒指给了韩老师,韩老师顺利地把戒指放在了钢琴上的物品箱中。

只是刚吃完饭,丹丹跑过来对韩老师说戒指不见了,韩老师匆忙走到钢琴边看,物品箱里果然变得空空的,漂亮的钻石戒指不翼而飞!韩老师揣着口袋仔细回忆放戒指时的情景,同时也翻遍了自己衣服的口袋,还是找不到。戒指到底去哪儿了呢?会不会是班上的小朋友拿走了呢?韩老师环顾着班中的幼儿们,设法从他们的脸上找到一点蛛丝马迹。看戒指找不到了,丹丹的眼圈红了,韩老师感到很内疚,但依然摸着丹丹的头安慰她:"别着急,老师帮你好好找找,肯定就在咱们班里。"班里的幼儿们知道戒指不见了后,一起帮忙寻找,不放过任何一个角落,最后还是一无所获。

韩老师猜想肯定是班里哪个幼儿拿走了,小心翼翼地问:"是谁喜欢丹丹的钻石戒指,借走玩了呀?"

幼儿们纷纷摇头,只有涵涵默默地坐在桌边低着头,韩老师心里有了数。

"如果是哪个小朋友拿走了，玩完后送回来好吗？老师和丹丹找不到戒指都很着急，戒指找不到大家也会很着急的。"

涵涵听后抬起头，看了韩老师一眼又急忙低下了头。

韩老师又对闷闷不乐的丹丹说："别着急，如果找不到戒指，老师就买一个一模一样的戒指给你，好吗？"

丹丹点点头。

韩老师记着这件事，在开展活动的时候选择性地讲了《七色光》这个故事。在讲完故事后，韩老师问幼儿们："如果你也有一朵神奇的七色花，你有什么愿望？"

幼儿们有的说想让老师永远漂亮，有的说想让自己钢琴弹得更好。

韩老师用神秘的语气说："如果老师有一朵神奇的七色花，我想把丹丹的戒指变回来！"

幼儿们听到都笑了，只有涵涵没有笑。

然后又到了户外活动的时候，幼儿们都在玩游戏，涵涵不笑也不玩。过了好一会儿，只见她红着脸跑到韩老师身边说："老师，我找到了丹丹的戒指。"

韩老师一看，亮晶晶的戒指果然躺在她的手里。

涵涵急忙解释说："我是在地上找到的。"眼睛里有一丝闪烁。

韩老师接过戒指对她说："谢谢你，因为你找到了丹丹的戒指，老师就不用再买一个补给她了。"

而涵涵也终于笑了。

那一刻，韩老师的心里感慨万千，甚至有点感谢涵涵。她明白涵涵是因为喜欢小朋友的东西，于是动了小心思，悄悄地把东西放在自己口袋

里了。

事后，韩老师对全班幼儿说："如果喜欢班里的玩具或小朋友的东西，可以征求别人的意见一起玩，或者询问老师或小朋友是否可以把东西借走玩，并约定好还物品的时间，知道了吗？"

涵涵跟其他幼儿一起大声说："知道了。"然后就和小伙伴们玩起了游戏。

### 点评

幼儿没有"偷"的概念，所以不要大惊小怪地揭穿真相去批评幼儿，使幼儿产生罪恶感。作为教师，要保护幼儿的自尊心，文中的韩老师正确、恰当地利用教育活动中《七色花》的故事去感化幼儿，及时挽回了幼儿的错误，这是韩老师的智慧。对于幼儿悄悄地把幼儿园或他人的物品"藏起来"的现象，虽说是一件极为普通的事，但是也应引起教师和家长的高度重视。这需要家庭和幼儿园共同配合教育，要让幼儿明白"不是自己的东西不能要"的道理。

# 迟到以后

**湖北省应城市实验幼儿园　曹翠芳**

今天上午的第一次集体活动,李老师正在给幼儿们讲述精彩的故事,正当幼儿们听得津津有味时,一声清脆响亮的"老师早"瞬间打破了教室里的那份和谐与宁静。

原来是心直口快的"大嗓门"博博迟到了!

幼儿们随声齐刷刷地回头看博博,稍稍停顿了片刻,又马上齐刷刷地转向李老师,期待故事的继续。

李老师用眼神和手势示意博博悄悄坐下,准备接着讲述故事。不料,李老师刚讲了一句,博博突然大声地解释说:"李老师,我今天没睡懒觉,是去医院看牙齿才迟到的。"

李老师向他点点头,表示认可,接着又摆摆手,示意他要安静,然后继续往下讲故事。

可是博博似乎对李老师的回应不满意,嗓门又提高了几分:"李老师你看,就是这颗牙齿,哎哟!好疼啊!医生说是蛀牙,叫我以后少吃甜食……"

这下子,教室里仿佛炸开了锅。

有的幼儿也跟着喊了起来:"李老师,我的牙齿也被虫子蛀掉了!"

"李老师,我的牙齿还拔了一颗,我拔牙的时候都没有哭呢!"

几个调皮鬼跟着开始起哄,甚至个别幼儿还发出了"嘘"的样子,试

图让大家安静下来，更多的幼儿则是不满意好听的故事被打断。

讲故事活动只能被迫中止。

这时，只见莹莹冲着博博吼道："博博，真讨厌！快别说了，听李老师讲故事！"

其实博博这种不懂得顾全大局，只图个人表现的行为，在其他幼儿的身上也经常发生。只是今天的故事太精彩，幼儿们都在专注地听，教室里很安静，所以博博的言行才尤其突兀，尤其不合时宜，乃至引起了"众怒"。

李老师决定抓住这次机会，好好引导引导幼儿们。

怎样才能让幼儿们在愉快的氛围中接受"规则意识"的养成教育呢？略微思考后，李老师有了主意：何不就以博博今天的迟到行为作为"典型教材"，分角色进行情景表演活动呢？通过博博和其他幼儿互换角色，进行现场演示，让博博也感受一下精彩活动突然被打断的滋味？

于是，李老师略显神秘地对大家说："孩子们，现在我们来玩一个表演游戏，好不好啊？"

马上就有幼儿问："老师，表演什么呀？"

李老师说："我们就表演刚才博博迟到后的做法。"

李老师的话音刚落，许多幼儿争先恐后地举起右手，莹莹争着说："老师，我来！"

莹莹站到教室门外，开始模仿博博，把博博刚才的做法还原了一遍。

莹莹的表演惟妙惟肖，获得了幼儿们热烈的掌声。

李老师问："孩子们，你们为什么给莹莹掌声？"

幼儿们纷纷回答："因为莹莹学得像！"

"是吗？哪里像呢？"李老师问。

幼儿们重复了博博说过的所有话。

于是，李老师继续引导："那博博迟到以后这样做好不好？"

幼儿们异口同声地回答："不好！"

李老师又接着问："那谁能说出不好的理由来呢？"

幼儿们一时间答不上话来，教室里一片安静，大家似乎都在寻找答案。

过了一会儿，聪聪试探地问："李老师，是不是因为博博声音太大吵到我们听故事了？"

李老师赞许地看了聪聪一眼，微笑地问其他幼儿："大家认为聪聪说的对吗？"

莹莹接话补充："博博打断好几次呢。"

这时，李老师认真地说："孩子们，你们知道什么是规则吗？"

幼儿们讨论起来，有的说："规则就是区角那里墙上贴的东西。"

有的说："规则就是洗手要排队。"

有的说："规则就是看书要安静。"

还有的说："规则就是过马路要看红绿灯。"

……

看来，幼儿园的集体生活已经帮助幼儿们建立了初步的规则意识。但是，要养成时刻懂得并保持遵守规则的良好习惯，绝非一日之功。

"博博迟到了就是没有遵守规则。"莹莹说。

"上课打断老师讲故事也不对。"晨晨补充。

李老师默许地点点头，然后观察到博博的神情有一些落寞，于是说："当然，博博小朋友今天不是故意这样做的。他的牙齿生病了，必须去看医生，所以迟到了，但是下次要注意哦。"

博博的表情轻松了一些。

李老师趁热打铁："来，博博，如果你又迟到了，会怎么做呢？"

博博想了想，看向李老师，李老师鼓励他："可以重新做一遍试试哦。"

于是博博回到走廊，李老师开始讲故事，现场恢复至原有的模样。

幼儿们很快又被精彩的故事情节吸引住了，教室里一片安静。

这时候"再次迟到"的博博走到了教室门口，只见他轻轻地走进教室，李老师和博博的目光对视了一下，李老师点点头，指了指座位，博博悄悄地坐下，不一会儿就沉浸到故事中去了。

### 点评

幼小的幼儿不能遵守规则，因为他们处于蒙昧时期，没有规则意识，体会不到遵守规则的重要性。因此他们不仅需要在大人的帮助下建立规则意识，而且需要在大人的引导下对已经萌发的规则意识进行固化培养，长此以往才能形成良好的习惯。李老师善于利用突发事件对幼儿们进行随机教育，体现了应有的教育机智。她不是只顾刻板地完成教学计划，而是依据幼儿喜欢游戏的特点，及时抓住了博博不懂得遵守课堂规则，扰乱课堂秩序的教育契机，因势利导，利用角色互换、情境表演等深受幼儿喜爱的教育方式，既纠正了博博不遵守规则的行为，又保护了幼儿强烈的自尊心，同时也让幼儿们在愉快的氛围里接受了应该如何遵守规则的教育。

# 勇敢的超人

**山东省滨州市邹平县青阳镇醴泉幼儿园　董婷**

区域活动时间，亮亮很慌张地跑过来对我说："老师，琦琦刚才打大钊了！大钊哭了！"

我赶紧跑过去，只见大钊用胳膊来回擦着流泪的眼睛，脸上有道红红的印子。

反而是打人的琦琦气呼呼地，双手叉腰，噘着小嘴，皱着眉头，一旁还站着不知所措的涵涵。

大钊看到我就更委屈了，嘴巴一咧哭着说："老师，琦琦打我！"

"琦琦，你为什么打他呀？"

琦琦气鼓鼓地说："是大钊不好，他欺负涵涵，涵涵先玩的这个玩具，他非要拿走。涵涵不同意，他就抢！我看到了才打他！"

我询问一旁的涵涵，涵涵点点头："是大钊抢我的玩具，琦琦才帮我的。"

我问大钊："大钊，是这样吗？"

大钊不好意思地点点头："我也想玩那个玩具，可是涵涵不给我。"

琦琦一脸得意地说："老师，你看，就是大钊不对，他抢别人的玩具，欺负小女生，我爸爸说了男子汉这个时候就得挺身而出！"琦琦一脸正气，就像一个正义使者。

区域活动结束后，在分享环节，我请全班小朋友一起聊一聊这件事情。

教室里顿时热闹起来了，幼儿们都踊跃地表达着自己的看法：有的说大钊欺负人不对，有的说琦琦打人不对。

于是，琦琦沉不住气了，愤愤不平地大声说："是大钊先抢玩具的，他欺负女生，我爸爸说男生要保护女生！"

之后的几天，我经常看到琦琦在自由活动时一个人玩玩具。

我想，得找个时间跟他谈谈。

"琦琦，你玩什么呢？"我过去打招呼。

"小汽车，很好玩的。"

"是挺好玩的，可是你怎么不和大家一起玩呢？"

琦琦沉默了一会儿，说："我不想跟他们玩。"

"为什么呢？"

"他们说我凶，爱打人，明明我是在保护小女生。"琦琦越说越生气。

我用眼神示意他，表示愿意听他继续说。

"我就是看到别人做得不对，好让他改正。我爸爸希望我长大了以后跟超人一样有正义感！"琦琦说着说着就有点委屈了。

我轻轻拍拍他的肩膀，对他说："既然这样，不用烦恼，让我来帮你！"

语言课时，我首先请琦琦坐在我的旁边，握着他的手和幼儿们聊了起来。最后又组织大家开展了一个活动，每人都说说"我心中的琦琦"。

露露说："琦琦的力气可大了，六一儿童节时搬小椅子我搬不动，他帮我搬的，一手一个小椅子呢！"

晨晨说："他很爱帮助小朋友，我不会做印画，是他教我的。"

涵涵说："他很勇敢！"

航航说："他愿意分享，春游的时候他把自己的蛋糕和火腿肠都分给我了。"

……

原本很和谐的声音，随着大钊的话被打破，大钊说："琦琦野蛮，喜欢打人。"

"是你先欺负我的。"涵涵替琦琦申冤。

"打人就不对。"这时说话的是大钊的好朋友森森。

一下子，现场的谈话变成了两个方阵。一边以琦琦为首，一边以大钊为首。

在接下来的几天，两队幼儿各玩各的，井水不犯河水的样子。

这样的气氛太不友好，于是在区域活动时，我又刻意创造机会，把"两个方阵"中的小朋友交叉安排到同一个活动里，让彼此在活动时交流合作。

沉默被一点点打破，情况有所缓和。

后来在语言课上，我组织"你是我的好朋友，我想对你说"活动。我先起头对琦琦说："琦琦，你是我的好朋友，我想对你说，你身上有很多优点，像超人一样勇敢，乐于助人！"

琦琦听后，咧开嘴笑了。

晨晨说："琦琦，你是我的好朋友，我想对你说，你说话声音太大声了，要是再低一点、慢一点就好了。"

涵涵说："琦琦，你是我的好朋友，我想对你说，你很勇敢，我很喜欢你，希望你说话的时候要温柔一点，不要总是命令我们。"

成成说："大钊，你是我的好朋友，我想对你说，希望你以后别总是抢别人的东西。"

……

就这样，听着听着，琦琦和大钊都开始意识到自己的不足之处，低下了头。

排队喝水时，壮壮的大潘突然挤到了璐璐前面。

"大潘，你插队！"璐璐噘着小嘴大喊。

身后的琦琦立马站了出来，刚举起杯子抬手要打大潘，突然顿了一下，然后缓缓放下手。

虚惊一场，大潘看了看琦琦没说话。

琦琦说："你这样做是不对的，得守规则。"

大潘眨眨眼睛，竟然顺从地去了队伍的最后面排队。

琦琦没有动用武力，就这样做了一回小小"调解员"。

离园时间，琦琦的心情一直都很好，和小朋友们相处得也很愉快。看到妈妈时，他很开心地和妈妈说着今天发生的一切。

**点评**

处于大班年龄段的幼儿，随着社会性情感的不断发展，会出现不安、满意、骄傲、自豪等比较复杂的情感体验。儿童的自我评价趋向独立性，不再轻信成人的评价，当成人的评价和自我评价不一致时，他们会有异议。因此对于琦琦和大钊的行为不能简单地批评，要用适当的方式让他自己体会到这种行为的不恰当，并欣然接受。琦琦本身是一个性格比较外向、自信的幼儿，自尊心也非常强，很有正义感，有些"小英雄主义情结"，在处理方式上要注意保护他的自尊心不受伤害，同时开展相关活动，以提建议的方式让幼儿发表对琦琦的看法，易于琦琦接受。事后，教师要及时和家长沟通，让他们了解幼儿的现状，要让幼儿了解给别人提意见时需要讲道理，要温柔一点，暴力是解决不了问题的。

# 闲不住的小米

北京市大兴区第一幼儿园　韩雪

教室里，美术活动"神奇的泡泡"正在进行着，幼儿们看着我"变"出五彩斑斓的泡泡都被深深地吸引住了。正当我准备请幼儿们用材料"变"泡泡时，小米突然说："老师，我想小便。"我点了点头，示意小米去小便。他乐滋滋地站起身，跑向厕所，完全没有留意我把食指放在嘴边请他轻轻走的手势。

过了一会儿，小米还没有回来，水房却传来"哗哗"的水声，我走过去一看，小米正在边洗手边玩水，衣服也被弄湿了一半。

小米自控能力较差，每天都有用不完的精力，喜欢捣乱。当幼儿们都在搭积木时，他会爬到桌子上不让其他幼儿进行活动；户外活动时，老师带着大家玩游戏，他却一个人满操场转圈；集体活动时，他喜欢东张西望，在小椅子上坐不住，有时上着课还跑去拿玩具；进餐时，他总是把饭菜含在嘴里不咽下去，经常需要老师喂；午睡时，老师得连哄带骗，才能让他睡着……

小米具有强烈的自尊心、好胜心，又加上凡事不吃亏的心理，还夹杂着攻击性的行为，引导他建立常规很难。组织幼儿按队形排队做操时，他总是横冲直撞地跑到第一个，或者将已经到达的"第一名"推倒在地；活动中，如果身旁的小朋友不小心碰了他一下，他二话不说上来就挥拳……他既容不得老师批评，又容不得自己比其他幼儿差。一听到批评，他就开始发脾气，还嚷着让当警察的爸爸把我们都抓起来……如何让小米得到良好发展是我们面临的难题。

我们不会放弃任何一名幼儿。

规则意识的建立是小米面临的第一个挑战，经我们班中的三位老师一起商量后，我们和小米约定了一个较低标准的规则，适当降低了"门槛"，比如午睡时最多只能讲两个故事就得睡觉；可以在老师身旁搭积木；排队的时候不能推人、打人等。人有被接纳、认同的需要，赏识幼儿无疑是正面强化小米行为的重要途径。信任是尊重的具体表现，小米的自尊心较强，多信任可以帮助小米产生更强的自我控制能力。

一次午饭后，地上有几粒落下的饭粒，小米溜到桌子底下捡饭粒玩。我用温和的语气对小米说："小米真能干，帮老师捡地上的饭粒呢，那你能帮老师把捡到的饭粒扔进纸篓吗？"他听我这么一说，居然不玩了，乖乖地把地上的饭粒扔到了纸篓里。我当着全班幼儿的面郑重其事地表扬了他，这使小米露出了自豪的笑容。

在一次科学活动时，小米又坐不住了，他"就地取材"，撕起了我发给幼儿每人一张的动物图片，还大声说话、离开座位。看到这情景，我使劲把火气往肚子里压，默默地想：一定不要被他影响教学情绪。如果现在批评他，不仅影响其他幼儿听讲，还会打断我的教学思路。于是，我灵机一动，用绘声绘色的语言给幼儿们讲起《插嘴多不好》和《动物园》的故事。故事吸引了小米的注意力，在故事结束的讨论部分，我提问小米："为什么大家不喜欢小麻雀？"

他说："上课时，小麻雀总是插嘴，是不礼貌的。"

听到小米这么说，我真是万分惊喜，请班中的幼儿跟小米一起讨论：你上课时有没有不好的习惯？应当怎样改正？

这一次，小米很认真。

浅显易懂的故事能做到让幼儿反思自身的不足。

一段时间后，小米的自控能力逐渐有了提高。排队时，他不再打人争当排头了，而是藏在队伍中间推挤小朋友；上课时，也能在椅子上坐上几分钟了……

于是，我及时和小米一起"升级"规则，比如午睡时讲一个故事就要睡觉；搭积木时，老师会在小米身旁待一会儿，然后去巡回指导其他幼儿；排队时，不推不挤、不插队打人……

而小米确实在一点一点做到。

看着小米的进步，我很开心，也松了一口气，可是又总觉得还有哪些地方没做好。

闲时，我开始翻阅小米的家庭资料，从中看到了小米家庭教育的严重缺失！

小米的爸爸是刑警，平时经常出差，工作非常忙碌，管理幼儿的时间少之又少；妈妈年轻漂亮，追求时尚自由，几乎没有带过小米；小米是家族三代单传的男孩子，从小由爷爷奶奶带大，"隔辈亲"更是严重凸显。爷爷奶奶把他当作掌上明珠，含在嘴里怕化了，捧在手里怕掉了，万事都依着小米，从没跟小米讲过任何规则。

家庭是人生的第一所学校，父母是人生的第一任老师。家庭成员的个性习惯、学识修养和培育手段、方法等直接反映在幼儿的身上。小米的任性、霸道、暴力，都跟家庭教育有关。

我多次约见小米的父母，二人从未来过，只好约见小米的爷爷，跟爷爷反映一些小米在园的情况，但是爷爷总说让幼儿园好好教育小米。

自然，幼儿园有肩负教育幼儿的责任，可是，幼儿的成长、教育不是靠半边梁柱就能撑得起的。在当今日渐复杂的社会形势下，我们暂时撇开社会这个无法让我们去改变或影响的因素，如果家庭教育也倒下了，幼儿园教育还真如蚍蜉撼树！

于是，在一次亲子制作活动中，我特意邀请了小米的全家来幼儿园参加活动。当小米的爷爷奶奶、爸爸妈妈看到小米在园的真实情况后，都大吃一惊，才意识到小米身上的问题。

我趁热打铁，跟他们详谈了一次，真诚地说出了我们的建议，也说了小米的进步，他们深感自责。

有了家庭和幼儿园的联手，小米在接下来的时间进步飞速，小米妈妈也逐渐亲自参与幼儿园活动了……

### 点评

幼儿好的行为习惯不是一朝一夕就能养成的。教师需要在长期不懈的培养过程中，根据幼儿的年龄特点、认知水平，尤其注意幼儿的个体差异，采取恰当的、行之有效的方法，通过观察、评价、鼓励和家园共育等手段，使幼儿的行为习惯及社会性得到不同程度的发展。我想，只要我们用心、用爱教育幼儿，一切问题就会迎刃而解。

# 藏起来的军军

内蒙古乌海市乌达区第一幼儿园  李瑞霞

军军长得虎头虎脑，非常有男子汉气质，他是一个特别热心、爱帮助人的小朋友。他最大的缺点就是手脚比较重，和小朋友玩的时候常常会伤害到小朋友。他有一位好朋友叫浩浩，浩浩像军军的小跟班，俩人形影不离，总在一起玩。

这天喝水的时候，李老师看见军军和浩浩在热烈地交流着。突然，军军在浩浩的胳膊上打了一拳，浩浩当时疼得抱着胳膊就哭了起来，李老师连忙叫来了浩浩的家长把浩浩送到了医院，最后浩浩被诊断为骨折。

浩浩走了，军军看起来很失落。

李老师借着这件事情展开了安全教育，并严厉批评了军军的行为，教育幼儿之间要友好相处。幼儿们都指责军军不应该打浩浩，打人是坏孩子的行为。军军不服气地辩解说自己没有打浩浩，说自己在和他玩。

看到军军坚决不承认，李老师觉得军军可能碍于面子，就没再说他什么。

在接下来的活动中，李老师听到晶晶小声对周围的小朋友说："妈妈说军军平时就是个危险孩子，让我离他远一点，今天他把浩浩打坏了，他就是个坏孩子。"

荣荣也说："军军做错了事情还不承认错误，我以后不和他玩了。"

小朋友们有意地躲开了军军，军军也发现了小朋友们都在避开他，倔强地低着头一个人自己玩。

看到这些，李老师走过去问军军："你知道自己错了，对吗？"

军军低着头，手里推着一个小汽车，一副不服气的样子。

李老师没再说什么，细心地观察记录着每一位幼儿的表现。

突然，她发现教室里不见了军军，带着疑问细心寻找，最后终于在卫生间最里面的墙角处发现了军军。

"军军，你怎么在这里？"李老师轻轻地问他。

军军不回答。

李老师摸了摸军军倔强的小脑袋，说："去和小朋友一起玩吧。"

在接下来的户外游戏中，平时喜欢玩的军军一直一个人玩。

铃声响起，幼儿们陆陆续续回到了班里，但军军又不见了。

李老师赶忙出去在军军玩过的地方寻找，不时叫着军军的名字，但没有人回答。

李老师着急起来，叫来更多的老师，最后发现军军藏在一个小木屋里。

"军军，老师叫你，为什么不回答？你知道老师多着急吗？"李老师关切又略带责备地问他。

"你今天把浩浩都打骨折了，怎么还这么调皮？"边上其他老师跟着搭腔。

军军一副爱理不理的样子，独自用手抠地上的泥土。

"走吧，小朋友都在等我们呢。"李老师领着军军回了教室。

放学了，幼儿们陆续离园，军军的妈妈来了，李老师把今天发生的事情讲给了军军妈妈，正要找军军，发现他又不见了。

这一次李老师叫大家冷静，细心寻找每一个地方，在两摞小床后面的缝隙中，再次看见了军军的身影。

"军军，老师看到你了。"李老师说。

军军没动静，李老师把一摞小床移开走进去，拉住军军的手。

这时，军军的妈妈上前拉过军军，在他屁股上打了两巴掌，并教训道："你把小朋友打住院了还没教训你，又藏起来给老师找麻烦，你就不能给大人省点心！"

李老师看见军军强忍着不让眼泪流出来，连忙拦住军军妈妈，军军妈妈便在连拉带扯中把军军带走了。

下班回到家，李老师一直在思考白天发生的事情。

军军为什么要一次次地藏起来呢？是平时高大、有爱心、以男子汉自居的他不愿意接受大家对他的批评吗？还是发生了安全事故，所有人关注的都是受伤的幼儿，对于那些制造麻烦的幼儿内心并没有重视，军军是不是用藏起来的方式让大家来关注他呢？

想到这里，李老师的心一下子明亮起来，回忆起浩浩疼得痛哭时，军军在一边后悔的表情；小朋友说不和军军玩时，军军低头不语的画面；妈妈打军军时，他强忍着泪水的情景……

李老师的心疼了起来，这些年幼无知的幼儿，他们都有一颗脆弱的心灵，需要成人用爱来引导他们健康成长。

第二天，李老师早早来到幼儿园，军军来园时，李老师给了军军甜甜的微笑和大大的拥抱。

区域活动时，李老师看见军军一个人心不在焉地玩着一串珠子，于是说："军军，到老师这里来。"

李老师把军军拉在怀里问："老师看见你玩得不专心，是不是在想浩浩呀？"

"嗯。"

"你和浩浩是好朋友，老师知道那天你不是故意的，平时你俩那么好，怎么会打他呢。"

听到这里军军的眼睛里一下子涌出了眼泪。

"你给老师说说当时是怎么回事？"李老师抱紧他。

军军说："我跟浩浩说我想做一个未来战士，要保护人类，我想让他知道我非常有力量，就打了他一下。"

"军军没想到这会伤害到浩浩，浩浩受伤了，你心里非常难过，对吗？"

军军流着眼泪拼命地点头。

"老师昨天没有问清情况就批评了你，老师做得不对，现在老师向你道歉，军军原谅我好吗？"李老师在军军的脸上使劲亲了一下。

"嗯！"军军点点头，然后像一只小鸟一样飞快地离开了老师的怀抱，回到了原先的活动操作中。

区域活动结束后，李老师组织幼儿谈话时又提到了浩浩。

"浩浩受伤了不能来幼儿园，小朋友们想不想浩浩？"

"想。"幼儿们大声地回答。

"老师也非常想浩浩，想下班去看浩浩，我们把想说的话录下来由我带给浩浩听，好不好？"

幼儿们七嘴八舌地说了想念和祝福的话，军军站在最后一直没开口。

李老师指着军军问："军军有什么话想对浩浩说吗？"

军军连忙凑过来说："浩浩，昨天我不是故意打你的，你住院了，我心里很难受，对不起，我妈也打我了，你原谅我好吗？我想让你快点好起来，我们一起玩。"说完这些话，军军重重地松了一口气。

"小朋友们，军军已经给老师讲了昨天的事情，浩浩是他的好朋友，他本来想告诉浩浩一件事，没想到会伤害浩浩，浩浩受伤了，他心里很难过，他以后一定会小心的。平时军军也是个爱帮助别人的人，他帮助过班里许多小朋友，这次，我们原谅军军的不小心好吗？"

"好。"幼儿们说。

军军也高兴地跟着幼儿们一起鼓起掌来。

看到这里，李老师欣慰地笑了。

幼儿有着世界上最纯真的心灵，他们已经全然放下了昨天的不愉快，祝福这些可爱的小家伙永远友爱、善良、开心。

## 点评

幼儿良好安全行为的养成需要成人正确地引导，安全教育应该包括三个方面的内容：保护自己、保护他人、保护环境。教育中培养幼儿的安全意识非常重要，安全意识的培养不是成人单纯的说教，是要正确地引导幼儿自觉防范的意识。因为安全责任重大，教师对受伤幼儿非常关爱，但对犯错的幼儿严厉有加，忽略了他们内心的感受，甚至不分青红皂白地指责、批评，给他们的心理留下了阴影。李老师非常细心地观察到了军军的变化，用工作中的一件小事诠释了用爱滋养幼儿心灵、用爱引导幼儿成长的重要性。生活中幼儿对自己的行为是"打"还是"没打"没有准确的判断标准，教师要坚持正面原则，从情感、情境出发，让幼儿真正认识到自己行为是否合适，不要轻易给幼儿下定论。

# 淘气大王的转变

北京市大兴区第一幼儿园  韩雪

这学期要带大班,听带过这个班的老师说,轩轩是男孩子中的淘气鬼,也是全班的"淘气大王"。我听后不以为然,大部分男孩不是都淘气吗?结果带班的第一天,我便见识到他的"特别之处"。

早上来园时,别的小朋友都跟着家长高兴地走来幼儿园,向教室门口迎接的教师问好。而轩轩简直是横冲直撞地"飞"进教室,我还没来得及看清他的脸,他又一溜烟跑到盥洗室去了,吓了其他幼儿一跳。

过了一会儿,轩轩姥爷气喘吁吁地跑上楼,小心翼翼地嘱咐我说:"轩轩这孩子特别淘气,老师要好好管他啊,有什么事情您随时给我打电话。"

晨间谈话环节,我开始默默地观察轩轩,我发现他非常活泼,手脚一刻不闲,屁股坐不住小椅子,总爱做小动作,一会儿抓抓积木,一会儿又碰碰边上的小朋友;活动时,更是横冲直撞,一早上告他状的小朋友接连不断。

上午吃点心时,涛涛突然跑过来对我说:"老师,妞妞哭了。"我赶紧询问原因,原来是轩轩又管不住自己,把喝剩下的牛奶给妞妞洒得满头满脸,妞妞正委屈地大声哭泣,轩轩却瞧着自己的"杰作"直乐。

我又气又恼,深吸了一口气,心想:这么淘气的孩子,想必在家或是幼儿园接受的大都是负面的评价。我一定要按捺住心中的怒火,改变教育方式,耐心地对他说服教育。我深深地吐了一口气,把轩轩叫到身边心平气和地问他:"你为什么要把牛奶洒到妞妞身上?"

轩轩的笑容立马僵在了脸上，圆溜溜的眼睛偷瞄了我两眼，赶紧低下头用极小的声音回答："不知道。"

我见他态度上有所转变，继续动之以情、晓之以理地对他说："牛奶是营养品，是工人叔叔、阿姨饲养奶牛挤出牛奶，经过辛辛苦苦劳动才得到的，能浪费吗？小朋友之间要互相友爱。"

他默默地低下头，看似有所触动，我也暗喜这招果然收到一点儿成效……

经过一段时间的接触，我发现轩轩不良行为产生的原因：一方面是为了引人注意，另一方面似乎是为了发泄心中的不满。比如：排队时，他会突然去撞前面的同伴；画画时，他会冷不丁地在别人脸上画一条线；饭菜太烫时，他会莫名其妙地抠别人；高兴时，他会突然打别人一拳……问他为什么这样做，他就会说不知道。问他对不对，他会承认不对。然后我又发现，轩轩种种不良表现，导致班里幼儿拒绝和他玩耍，因而他处在一个被孤立的状态，因此他便会因为交往需要得不到满足而变本加厉。

根据轩轩这段时间的表现，我认为他的不良行为主要是由于自我控制能力不强和孤单自卑而表现出来的无意识的失控行为。针对他的这一特点，我认为如果过分关注他，只会强化他本人和班中幼儿对他"特殊化"的不正确认识，从而导致他更加不能与同伴友好相处。因此，在他出现无意识失控行为时，我会设法加以阻止，但绝不斥责他，也不实施打压教育，以免因自己的主观臆断而伤害他。然后，我会再找适当的机会，了解他的行为动机，耐心地告诉他同伴间的相处之道，暗示他努力改正缺点。

一天上午，幼儿们在活动区玩区角游戏，轩轩又是独自一个人在建筑区搭建停车场，时不时挥动着手臂，很神气地学交警指挥车辆，我惊喜万分，立刻给他抓拍了一张指挥交通的照片。

正在这时，丹丹嘟着小嘴气呼呼地来告状："老师，我的水杯不见了。"

亮亮说："我知道，是轩轩拿的，他是班里最淘气的。"

乐乐赶紧附和道："对，肯定是轩轩拿的，轩轩上次就把我的水杯拿走了。"幼儿们你一言我一语地说着，都一口咬定是轩轩拿的。

轩轩瞪大眼睛站在门口，大声地解释："不是我拿的，我没拿，真的不是我拿的。"

我问："你们亲眼看到轩轩拿丹丹的水杯了吗？"幼儿们一下子安静下来，你看看我，我看看你，都摇摇头。我替轩轩澄清说："轩轩一直在建筑区玩，没有去过盥洗室，我可以做证。"

最后，杯子在图书区找到，原来丹丹喝水时，看到老师拿来了新书就走过去看，把水杯忘在了图书区。

这下真相大白了，我对幼儿们说："轩轩以前有些淘气，但是这学期他在改变，我们要看到他的进步。"接着，我给幼儿们欣赏了刚刚拍的照片，并当着全班幼儿对轩轩说："你做得真好，真像一个小警察。"轩轩听到表扬后，脸上浮现出腼腆而又灿烂的微笑。然后我趁热打铁："现在，老师和几个小朋友扮司机和乘客，你当警察，我们一起来玩游戏吧。"

幼儿们见我做了榜样，都陆续举起了手，表示愿意跟轩轩做游戏。轩轩听了我的话，用兴奋的眼神望着我，然后又不好意思地低下了头。我鼓励他说："你看小朋友都在等着你做游戏呢，我相信，你一定是一个能干的交通警察。"他在我的鼓励下，很快地投入了游戏。

在游戏中，我以角色身份不断给他鼓励，直到游戏结束时，他都始终坚守岗位。对他的表现，我及时地给予了表扬和鼓励，幼儿们也纷纷鼓掌向他表示祝贺。第一次，轩轩开心地笑了。

通过一个学期的努力，轩轩有了很大的转变，他不仅渐渐地改掉了以

前许多不良的行为习惯，而且还经常帮助老师拿送各种游戏教具，摆放桌椅，争当组长等，幼儿们也愿意和他一起玩了。

**点评**

> 在对待班中的个别"问题幼儿"时，老师要善于发现幼儿身上的闪光点，用平等、信任和赏识，改变幼儿的不良行为，让他在幼儿们中间拥有一定的威信，让大家真正地亲近他、接纳他。

# 老师的"小尾巴"

**山东省青岛市卫生和计划生育委员会幼儿园　胥殷萍**

与尚尚的第一次会面，我印象很深。

入园第一天，好多幼儿都在哇哇大哭，与陌生的环境、陌生的老师抗争，只有瘦弱的尚尚，在离开妈妈的那一刻，很安静，没流一滴泪。

保育孙老师顺利地将他抱入怀中，吃饭、喝水……不管其他幼儿如何发泄哭闹，他始终那样安静。

直到上午加餐时间，孙老师刚离开尚尚，准备去取水果时，突然他像小宇宙爆发一样，"嗖"地一下跳起来，边跺脚边摆手边哭喊着："别走！别走！"

没办法，孙老师只好领着尚尚一起去加餐，接下来的一上午，就会看到有一大一小两个身影前后出入，甚至连孙老师去厕所，尚尚也寸步不离……

第二天早上，是我接的尚尚，他依然很安静地依偎在我的怀中，就像一只温顺的小猫咪，我去哪儿他去哪儿，倘若一分开，他的小宇宙马上就会爆发。

尚尚每次吃饭时，必须有一位老师单独陪着他、喂他，即便兼顾一下其他幼儿，也必须紧挨着他坐；睡觉时，必须有老师哺乳式地抱着他、搂着他入睡，若朦胧中他睁开眼睛看见老师不在身边，他会立马清醒，站起来哭，然后下床找老师；游戏时，他自己不玩，也拒绝和其他小朋友一起玩，老师去哪儿，他必须跟到哪儿，就像老师的"小尾巴"……

一旦他的"必须"未得到满足，瞬间就会变成另一种形象。

在入园一周后，我又发现尚尚经常会把裤子尿湿。可是，为什么一个天天粘着老师、事事离不开老师的幼儿，每次小便却都尿在裤子里呢？

尚尚除了极度缺乏安全感，是不是还有其他问题被我们忽视了？看来我要关注他的行为细节，一探究竟。

第一次提醒幼儿们去小便时，我轻声问尚尚："尚尚，想不想去小便？"

他说："我没尿，不去。"

结果没过两分钟，他就哭着告诉我："我尿裤子了。"

我低头一看，地上一摊尿渍。

第二次我又提醒他上小便时，他又说"我没尿"，可没多久，他又尿裤子了。

多次之后，我干脆不问他了，直接领他进厕所、脱下裤子，谁知他非常紧张，马上提裤子说："我不尿尿。"

结果——又尿裤子了。

我觉得我有必要和家长进行深入沟通。

在与尚尚妈妈的交流中，我发现他们家包办代替极其严重，幼儿已经三岁了，却一直如婴儿般被妈妈和保姆呵护着，喂水喂饭，睡觉不是搂着就是抱着，如厕只会坐在马桶上，从未训练尚尚作为男孩应站着小便的习惯。另外，爸爸不懂与幼儿相处，严重干预幼儿的自由。爸爸是中年得子，社会地位较高，满足幼儿的物质需求，却很少与幼儿交流，并以"爱"的名义，剥夺了幼儿自主与同龄人和外部环境相处的权利，造成幼儿的"安全岛"就是成人。

爸爸的不会爱与妈妈的过度爱，形成强烈的对比，使得尚尚性格柔弱、

自我怀疑、缺乏独立与自主，当他走进幼儿园这个小社会时，就会严重缺乏安全感。到了幼儿园后，尚尚与同伴间的自我对比，更是叫他产生了一种羞耻感，不利于他身心健康的发展。

所谓"冰冻三尺，非一日之寒"，对于尚尚这种适应能力很慢的幼儿，我们的教育不能急于求成、拔苗助长，要尊重幼儿发展的连续性与阶段性。

依据马斯洛的需要层次理论，我决定采用一种"螺旋上升式"的教育方式，即当低级需要得到满足后，再逐渐实现上一层需要的满足。

每天早上接待尚尚时，我都会用很惊讶的语气说："呀，今天尚尚是高高兴兴来幼儿园的，有进步！"然后我会紧紧地拉着他的小手，陪他吃饭、喝水、上课，这时我想起来尚尚妈妈提过，家里有一套做饭的仿真玩具，尚尚很喜欢在里面炒菜，于是我决定从角色游戏入手，悄无声息地拉近我与他之间的距离。

我们在角色区域的厨房一起帮"家人"准备饭菜。

"尚尚，帮妈妈把西红柿洗洗拿过来。"

"尚尚，妈妈炒好菜了，拿过来一个小盘子。"

"尚尚，快把饭菜摆在桌子上，叫爸爸、爷爷过来吃饭。"

……

在我的带动下，区域里热闹起来了，每个幼儿都玩得兴致勃勃，从尚尚的眼神中我能感应到，他在慢慢地变化。

为了帮助尚尚正确认识自己的感觉与情绪，我从书库中借了几本有关情绪管理的图书，包括《我不会害怕》《我的感觉》，等等，每天和他读一本。

在分享故事《我不会害怕》时，我悄悄地问他："老师很害怕晚上一个人在家，尚尚会害怕什么呢？"

"我害怕妈妈走。"他用弱弱的眼神看着我。

我把他抱在怀里温柔地告诉他:"妈妈没有走,妈妈是家里的妈妈,老师是你幼儿园的妈妈,我会像你妈妈那样爱你。"

对幼儿来说,幼儿园是一个陌生的环境,我们要努力让他们在这里找到一个"安全岛",那就是老师。久而久之,尚尚就会意识到"老师在身边就可以安心、愉快地玩耍,周围没有危险,同伴没有恶意",初步解除心理防备,建立安全感。

当尚尚的情绪处于一种较为安定的状态时,我对他的零距离陪伴转化成有一定距离的眼神陪伴。

户外游戏时,我们经常会玩一个小游戏"找朋友",老师和幼儿们一起说儿歌:"找啊找啊找朋友,找到朋友抱一抱……"

起初我会和尚尚一起找小朋友抱一抱,慢慢我鼓励他和妞妞抱一抱、和晨晨抱一抱、和成成抱一抱,渐渐地尚尚认识的小朋友越来越多了。

每次活动后我都会问他:"你这么开心,去哪里玩了?和谁在一起玩的?"

他也会和我及时分享和小朋友们一起玩耍的快乐。

当幼儿熟悉新环境后,我们要懂得慢慢解除他对老师的过分依恋,通过环境影响感染幼儿,实现归属感与爱的需要。

尚尚可以依恋老师,但不能依赖。精神分析家埃里克森认为,幼儿期是幼儿自主性——羞愧或怀疑自我性格形成的关键时期,因此,我们要鼓励他做力所能及的事,帮助幼儿逐渐认识自己的能力,养成自主的性格。

对于尚尚不会站着小便的问题,不要去强求,避免造成一种心理压力,既然不会站着小便,那么每次小便时就先由我们抱着解决,对此他从不拒绝，一段时间下来，尚尚基本上没再尿过裤子。

接下来，我们的重点就是帮助他学会站着小便，起初他对此是非常排斥的，这时我会说："尚尚很勇敢，老师在这扶着你、陪着你。"

当尚尚做到可以独立站着小便时，我会慢慢放开手，扩大他的安全范围，告诉他："尚尚别着急，老师在这看着你呢。"

渐渐地，尚尚不再需要老师的陪伴，并能够和小伙伴们一起自如地如厕了。

一段时间下来，他的话语开始转变为"今天我是自己走进来的""我把饭全吃了""衣服是我自己挂的"……

可见，他现在认为自己做事情是一件很光荣的事情，不再怀疑自己的能力，形成"我能"的自信心。

## 点评

> 每个幼儿都有自己独特的"芳香"，"狂风暴雨"易催"花"，不如做一位春风化雨、润物细无声的教师，带着一份真诚的爱走进童心世界，在点点滴滴中伴幼儿成长，静待花开。

# 特别的小班长

**山西省朔州市经济开发区机关幼儿园　杨丽鹃**

今天早晨，幼儿园的早饭是玫瑰卷和八宝粥，大部分幼儿喜欢这份甜蜜的早餐，所以在早饭时间我们班的幼儿们相当安静。

当大部分幼儿吃完饭在衣帽间等候时，教师开始清理饭桌打扫卫生，这时我发现在第二组中间，有一把小椅子下面孤零零地躺着大半个玫瑰卷，旁边还有一摊八宝粥，怎么看也有小半碗。

我走到衣帽间，调整了一下呼吸，尽量使自己平静下来，然后问："小朋友们，今天杨老师在第二组看见有一个小朋友把玫瑰卷和稀饭倒在地上了，可是这个小朋友是谁呢？希望这个小朋友能悄悄过来拉一下杨老师的手，让杨老师知道谁是这个勇敢承认错误的小朋友就行了。"

说完，我用期许的目光看着幼儿们，可是，没有一个人站出来。

我扫视一圈，发现我目光所及之处，甜甜的眼神明显在闪躲，这下就八九不离十了，应该就是这个平时不喜欢吃甜食的小姑娘。

为了保险起见，我偷偷叫了第二组中间一桌的三个幼儿谈话，他们都告诉我玫瑰卷和粥是甜甜弄到地上的。

知道了真相的我不动声色，像往常一样叫了五名幼儿帮忙送餐具，只是这次特意留甜甜在其中。

送完餐具后，我嘱咐其他四名幼儿回教室，留下一名幼儿帮我整理厨房，于是我留下了甜甜。

因为每天送餐具都是这样，不会引起幼儿们的怀疑。

只剩下我和甜甜的时候，我拉着甜甜的手说："老师知道玫瑰卷和稀饭是你倒在地上的。"

甜甜看着我，牙齿咬住小嘴唇，接着低下了头。

"为什么这样做呢？老师特意在没别人的地方问你，就是不想让别人知道这件事，这是咱们两个人之间的小秘密，现在，你愿意把事情告诉老师吗？"

甜甜点点头，声音小小的，她告诉我，是不想喝稀饭，不想吃玫瑰卷。

"既然不喜欢喝稀饭不想吃玫瑰卷，为什么在吃饭的时候不告诉老师呢？"

甜甜小声说："怕老师批评，就趁老师没注意倒在地上了。"

"以后不喜欢吃什么要记得说哦，扔掉太浪费，是不是？"

甜甜点点头。

幼儿挑食是很多父母都头疼的事情。挑食幼儿容易出现营养摄入不足，生长发育迟缓的问题，一旦营养摄入不足，体重就会不增或者下降，对身高也会造成影响。长期挑食可能会影响幼儿智力的发育，同时还会降低幼儿抵抗力，比同龄幼儿更容易生病。

为了让幼儿们不挑食，我心生一计。

"甜甜，你知道老师在大家用餐时间特别忙，需要个能够帮助老师管吃饭的小班长，你愿意做这个管吃饭的小班长吗？"

甜甜大大的眼睛里闪烁着难以置信的神色，接着狠狠地点头："我愿意！"

我微笑着接着说："嗯，那老师就可以轻松多啦。但是你要管小朋友们，你肯定得在吃饭方面做得好才行，要不其他小朋友都不服气呢。"

甜甜想了想说："老师，我会做好的！"

于是中餐时，从教师开始发饭时甜甜就坐得笔直，中午是大米饭，菜有甜甜不喜欢吃的洋葱和鸡蛋，但是甜甜努力把鸡蛋吃完，但面对洋葱面露难色，吃了一口实在不想吃了，她看了看我，我冲她点点头，她走到我跟前说："老师，我从来不喜欢吃洋葱。"

我做认同状摸摸她的脑袋，深以为然地说："老师小时候跟你一样，从来不吃洋葱。"

甜甜睁大眼睛看着我，小脸上满是不可置信地问："是因为洋葱辣眼睛，一点也不好吃吗？"

我看着她点点头，然后继续说："可是，有一天老师生病了，医生说是我挑食导致的，要我多吃洋葱，后来老师就尽可能地减少挑食了。"

甜甜看着我，迟疑地夹起一块洋葱，有些不情愿地放进嘴里，一小口一小口吃着，吃了几口后放下筷子，说："老师，我今天只想吃这么多，真的太难吃了。"

我点点头，为她的进步开心。

这一天中午，在甜甜的监督、提醒下，我们班第一个送餐具进厨房，第一个进卧室午休。

甜甜第一次做小班长，虽然不是很完美，但是很尽职尽责。

下午离园时，看见妈妈的一瞬间，甜甜飞一般地扑进妈妈怀里，像只小喜鹊一样叽叽喳喳跟妈妈讲述她当小班长的点点滴滴，还非要拽着我给她做证。

我在甜甜期待的目光下跟甜甜妈妈讲述了小班长甜甜的进步，以及克服自己内心对洋葱的排斥，是一个负责任的小班长，并提出家长配合幼儿园培养幼儿节约粮食、减少挑食的良好习惯。

在甜甜妈妈的赞许中，甜甜笑得可开心了。

### 点评

幼儿说谎往往让教师和家长感到头疼，但是我们不能随意给幼儿贴上说谎的标签，而应该先证实幼儿是否说谎，再追溯幼儿说谎的原因。幼儿说谎有时候是因为自己做错事害怕被惩罚，有时是想通过说谎让成人满足他的某种愿望，还有一些是因为想引起关注，等等。文中的甜甜说谎仅仅是因为害怕教师的批评，这种情况下，教师既应保护幼儿的自尊心，又不能放任事情发展。通过私底下的谈话让甜甜认识到自己的错误，同时通过正向的激励，顺势把幼儿推上"小班长"的位置，让甜甜在感受到关怀重视的情况下，受到激励和鼓舞，既减少了挑食，同时也承担起监督和提醒小伙伴吃饭的责任，一举多得。

# 衣服被剪坏之后

江苏省海安县曲塘镇李庄幼儿园　吴娟

沐浴在清晨的阳光里，幼儿们陆陆续续地来到了幼儿园，一声声"老师早"开始了美好的一天。

"吴老师，这是我妈妈新买的衣服，是赔给小雨的。"田田在奶奶的陪同下递给我一件衣服。

我亲了亲田田："你真棒，能为自己的过错承担责任，等小雨来了你交给他吧。"

这是怎么一回事呢？那要从头说起。

那天早上来园时，小雨奶奶拿着一件衣服悄悄地跟我说："吴老师，今天早上洗衣服时发现小雨衣服的后面被剪坏了，你了解一下，看看到底是怎么一回事。"

我接过衣服一看，衣服后面的下摆被剪出了一条长约5厘米的口子，很惭愧我没有及时发现，于是我很不好意思地对小雨奶奶说："对不起，我还真不知道，今天我仔细问问，您放心。"

小雨奶奶说："我没有其他意思，关键是要提醒孩子注意安全，剪坏衣服没什么，几十块钱的衣服坏了就坏了，如果剪到孩子就出大问题了。"

小雨奶奶的理解和体谅让我心里暖暖的，同时也让我意识到问题的严重性，没有剪到幼儿自然好，万一不小心伤了幼儿呢？

我忙问小雨："小雨，你知道是谁剪坏了你的衣服吗？"

他摇摇头。

等幼儿们全部到园后，我拿起衣服问幼儿们："孩子们，有谁知道是谁把小雨的衣服剪坏了吗？"

幼儿们纷纷摇头。

我惋惜道："真可惜，你们看这件衣服还是新的呢，被剪坏了实在太可惜了。"

"吴老师，是田田剪的，我们给斑马贴纸条时他用剪刀剪了小雨的衣服。"坐在小雨对面的钰钰说。

我看了看田田，他悄悄地低下了头。

我问他："是你剪坏的吗？"

田田点点头。

"那你为什么要剪小雨的衣服呢？"

"我把斑马上面的纸条都贴好了，我没东西剪了，就剪着玩的。"

我认为田田是没有意识到剪衣服的严重性，以为可以像剪纸那样来玩。

"那你把小雨的衣服剪坏了，该怎么办呢？"

他想了想，张口对小雨说："对不起，我下次再也不剪你衣服了。"

得到小雨的原谅，田田开始玩手里的小玩具、一脸无所谓的样子，又似乎什么事情也没有发生一样。

我在想，一句"对不起"可以抵销过错吗？那么，幼儿以后会不会做错任何事都拿"对不起"三个字来推脱呢？

每个幼儿都会在成长的过程中犯错，不同的解决方式和教育方法可能给幼儿的发展带来不一样的影响，是单纯地让幼儿说声"对不起"，还是让他们学会如何承担责任，教师或成人在其中起着决定性的作用。允许幼儿犯错误，但不允许幼儿推卸责任，更不应该帮助幼儿寻找理由逃避责任，这才是减少下次出现类似问题的关键。

于是，我忍不住问田田："小雨的衣服已经坏了，不能穿了，一句对不起能让小雨的衣服好起来吗？"

田田愣了一下，然后边玩边说："我已经跟他说对不起了，他原谅我了。"

或许在教育幼儿的过程中，成人往往注重对幼儿进行礼貌教育，不知不觉忽略了幼儿责任心的培养，在日常生活中我们常发现幼儿不管是有心还是无意损坏别人的物品或者碰撞到别人，幼儿犯错误了往往以"对不起"三个字来解决，"对不起"俨然成了幼儿逃避责任的借口。

说句"对不起"只能说明自己认识到错误并愿意去改正，但是对别人的伤害仍然存在，田田在剪小雨衣服的过程中觉得手工作业完成了，没物品可以剪了，自己尝试着去剪其他物品，感到好玩，所以他对错误的认知非常表面，这时候，作为成人就要让他明白说声"对不起"之后还要对自己的所作所为负责。

想了想，我心里有了主意，我问田田："假如别的小朋友把你的新衣服剪坏了，你会怎么样？"

"我会很生气，也会难受。"田田小声说。

"那你问问小雨的想法。"

田田扭头问小雨："我把你的新衣服剪坏了，你是不是不开心？"

小雨点点头，还说了一句："我很喜欢那件衣服。"

很明显，田田一下子消化不了这么多信息，向我求助："老师……"

"小雨的衣服已经坏了，损坏东西要赔偿，你愿意赔偿吗？"我顺势提出建议。

"好的，可是我没钱怎么办呢？"

"这样吧，下午放学时我们跟妈妈商量一下，把你平时吃零食的钱省

下来买一件新衣服赔给小雨,好吗?"

他点点头。

放学后,我将田田妈妈和小雨奶奶留了下来,讲清楚事件经过,特意跟田田妈妈说:"赔偿是小事,关键是要让幼儿勇敢地承担犯错的后果,要能为自己的过错埋单。"

小雨奶奶坚决不要赔偿:"孩子难免会犯错误,认识到错误就好了,不用赔偿。"

田田妈妈说:"我重新给买一件新的,这件剪坏的衣服我回去缝好就留给田田穿,我要让他体验到自己犯错的后果。"

这件事在两位家长的相互谅解中圆满地解决了,事件虽然过去了,可是给我留下了深深的思考。

《纲要》中要求教师直接指导的集体活动要能保证幼儿的积极参与,避免时间的隐性浪费。在手工课"给斑马穿新衣"活动中,幼儿之间的个体差异往往会导致活动完成时间不同,田田等一些幼儿属于动手能力较强的,他们在给斑马贴好彩条之后,无所事事就会搞点小破坏,来点恶作剧,所以,教师要有意识地让先完成任务的幼儿有事可做,如选择自己喜欢的区域:看看书、玩玩积木、撕撕纸、涂涂画画,等等,最好在一个相对安静、独立的区域里进行,以免与尚未完成任务的幼儿相互影响。这样,每个幼儿有事可做,就可以避免时间的隐性浪费。

## 点评

很多教师面对幼儿犯错误说"对不起"时,都会给予原谅,毕竟幼儿单纯,并无恶意,但错误可大可小,不应所有过错都以"对不起"三个字来收场,避免"对不起"三个字成为幼儿逃避责任的借口。

# 让距离产生"美"

北京市大兴区第一幼儿园　韩雪

前段时间，我发现文文这个小姑娘变得有点奇怪，整天笑眯眯的样子不见了，在班里还总是躲躲闪闪的。

早上来园后，幼儿们都在洗手准备吃饭，文文也挽着袖子朝盥洗室走来，她走到门口突然停住了，小心地探着头朝里面看了看，才放心地走了进去，排队洗起了手。

用毛巾擦手的时候也东张西望的，似乎在寻找什么，看见瑶瑶也进来洗手，文文便迅速挂上毛巾，赶紧出来了。

我开始疑惑，文文到底怎么了？

我暗自观察了两天，发现不管文文做什么，瑶瑶都跟在文文屁股后面，像极了个小跟班。而文文每天看到瑶瑶都眉头紧锁、躲躲闪闪的。

当文文说要小便时，就可以在她后面发现瑶瑶；当文文去放玩具时，也能看见两个身影飞奔出去；当文文选择了娃娃家，那势必会在娃娃家里找到瑶瑶……

户外活动的时候也是一样，本来文文和幼儿们玩得很高兴，但只要瑶瑶兴冲冲地凑上去跟她玩，她立马转身溜走。

我知道，文文应该是在躲着瑶瑶。

我便悄悄地问文文："你有什么事情需要老师帮你吗？"

文文抬起头用明亮的大眼睛看了我一眼，歪着头略加思索的样子，然后对我说："可能有一件吧。"

见我微笑地看着她，文文终于说出缘由：她的确是在躲着瑶瑶，因为瑶瑶总是跟着她，不论游戏还是其他活动，文文觉得没有了自由，所以就躲着瑶瑶。

这样的情况对于我们的班级管理来说可以说是一个困扰。

针对这种情况，我做了认真的思考：每个幼儿都有自己选择的权利，当然包括选择好朋友，作为教师我们不应该过多地干涉，但是按照这样发展，结果对两个幼儿的发展都是不利的。

幼儿从婴儿期开始发展社会活动，在幼儿园里更能够学习忍耐、等待和轮流等社会性。但是有的幼儿独立性差，信心不足，习惯了事事听从别人的安排，没有太多的主见。再加上这个时期社会行为的两个主要特征"喜欢模仿"和"喜欢反抗"，就很容易发生上述案例中"小跟班"的情形。瑶瑶很想模仿文文的样子玩，文文却觉得瑶瑶什么都不懂，不愿让她参与。

我不由得想到中班时候的瑶瑶。那时她是个内向、胆小的姑娘，班上几乎从来听不到她的声音。记得好几次午睡后，她都因为不敢跟教师说去厕所而尿湿了床，以至于班上教师每天都主动提醒她去厕所，她才很胆怯地去小便。

瑶瑶的父母因为幼儿的性格内向也很着急，我们家园配合一直在鼓励幼儿大胆说话。

在幼儿园里，我特意把爱说爱笑的文文安排在瑶瑶身边，希望文文开朗的性格能够对瑶瑶有些影响，再者可以带动瑶瑶一起游戏。

这学期的瑶瑶变化非常大，性格开朗了很多，似乎跟着文文体会到了集体合作游戏的快乐。

我们看到瑶瑶的进步都格外高兴，可是，这段时间看到文文的表现，我突然意识到，我们每天都习惯性地在关注着弱势的幼儿，在帮助幼儿提高的时候，却忽略了其他幼儿的内在感受。

一天午睡时，我拿起故事书，随意翻出来"东施效颦"，就开始绘声绘色地给幼儿们讲起睡前小故事来。讲完我突然茅塞顿开，我知道瑶瑶是一个爱漂亮的女孩子，她希望别人夸奖她，那就不如用这个故事做桥梁来教育她，这样的故事对她来说何尝不是一个启示呢？

午睡后，我找来瑶瑶谈话。

"瑶瑶，你还记得老师午睡前讲的那个好听的故事吗？叫什么名字？"

瑶瑶一下就说了出来："东施效颦。"

我接着问："你还记得里面讲了一个什么故事吗？"

瑶瑶认真地想了想，说："有点忘记了，就是有一个漂亮的女孩，然后一个难看的女孩。"

我补充道："漂亮女孩做什么大家都觉得很漂亮，难看的女孩学她，然后大家也觉得漂亮吗？"

瑶瑶摇摇头。

我说："对呀，别人不但没觉得漂亮，反而觉得她更丑了，对吗？"

瑶瑶若有所思。

我继续说："老师觉得瑶瑶也是个漂亮的孩子，但是你不管做什么都追着文文模仿，这样好不好？"

瑶瑶轻轻地摇了摇头。

我告诉瑶瑶："每个孩子都是一个独立的个体，都有自己的特色，不需要去一味地模仿别人。文文并不是不喜欢你才不和你玩，而是你的做法让文文心里有点别扭，喜欢也是需要距离的，我们以后可以换一种方法跟文文游戏。"

最后，瑶瑶露出害羞的表情凑到我耳朵边说："老师，我不想做东施，我要做漂亮的西施，我以后不模仿文文了。"

听到瑶瑶这样说，我很是欣慰。

我又找机会跟文文谈心："被别人缠着的感觉很不好这很正常，我们可以寻找更好的办法解决，主动把自己的内心感受告诉瑶瑶，相信瑶瑶会理解的。"

在以后的一段时间里，我改变了以往的教育策略。首先，仔细观察瑶瑶的游戏情况，当发现瑶瑶又是自己一个人呆呆地坐着时，我便对瑶瑶提出两三种游戏建议供她选择，并且帮助她取得和体验到成功。慢慢地过渡到鼓励瑶瑶发起游戏，教她说邀请的话，邀请别人参加到她的游戏中来，刚开始，瑶瑶花了很长时间才鼓起勇气去邀请别人。每一次我都及时在全班表扬她，并奖励她小贴画。

此后的一段时间，瑶瑶渐渐乐意开口说话了，变得越来越开朗、越来越快乐，简直就像变了一个人，文文也不再排斥她了。

**点评**

让每个幼儿健康快乐成长是每位教师的美好愿望。对待瑶瑶这样独立性差、信心不足、没有主见的幼儿，一定要通过幼儿能接受的方法，用足够的爱心、耐心去帮助他们。懂得事事追随别人、听从别人的安排并不好，应创造机会让瑶瑶主动去选择游戏，慢慢培养起她的自我意识和有主见的良好心理素质，同时也会增加她的个人魅力。

# 性格习惯

## 我们的好朋友

黑龙江省八五六农场幼儿园　丁相娜

培养幼儿们的良好习惯和一日常规，锻炼幼儿的独立自主性，是幼儿园教育教学活动中的重点工作，即使我们每天都在进行这项工作，但是效果还不是很好，幼儿们喜欢把自己的东西乱丢乱放，不爱惜自己的物品。老师每天都像一个侦探一样，帮助幼儿们寻找各种学习用品。其实我也是一样的，不定时地提醒幼儿们要自己的事情自己做：整理书包、保护好书本、整理好自己的衣物、保持班级的卫生、保管好自己的物品，等等。这些生活中的小事，有些人可能觉得没有必要提，做到这些似乎并不难，可是总有那么几名幼儿丢这丢那。

"老师，我的橡皮找不到了。""我的红色油画棒不见了。""老师，我的绘本书不知道哪儿去了。""老师，我捡到了一支笔。""老师，这是谁的，我在地上捡的。"幼儿丢东西的现象真是让我头疼。

面对幼儿这些问题，我不停地问自己，是哪里出了问题，为什么幼儿每天都这样不停地丢东西。是不是我的教育方法有问题，不能够引起幼儿的注意或者不适合幼儿的年龄特点。课余时间与其他老师交谈，说起了幼儿丢三

落四的问题，一个老教师告诉我说："其实每个幼儿都是很有爱心的，你给这些东西赋予生命，就可以让孩子们爱护他们。"她的一席话让我茅塞顿开。

这次美术活动中，幼儿们再次开启了"告状"模式。"老师，我的黄色油画棒不见了。""老师，我没有绿色的油画棒了。"……我顺着声音走过去，仔细地观察了一下幼儿们的油画棒，真是让人"惨不忍睹"。二十几张"小床"上只零星地躺着几名"伤员"，有的"腿"断了，有的"皮肤"伤了，空缺位置上的油画棒都"逃跑"了，有的连盒子都伤痕累累了。我提醒幼儿们，要用一根还回去一根，不要随意乱扔，幼儿们似乎太专注自己的创作了，对我说的话没有什么回应。看到这样的场景，我仔细观察了幼儿的绘画过程，发现他们每次用完一根油画棒就随手一放，要继续作画时，前一根油画棒早已滚落在地上，甚至被其他幼儿踩在脚下，等画完收拾的时候，也是稀里糊涂地往书包里一塞。

幼儿们的这些表现让我陷入了沉思，幼儿们怎么如此不爱惜自己的东西，我该怎么办？教育幼儿要爱惜自己的东西，我不知道说了多少次，讲了多少个故事，可是现在看来对幼儿没有起到什么效果。我皱了皱眉头，然后坐下来，和幼儿们一起讨论如何爱惜自己的油画棒。

幼儿们竟然七嘴八舌地说起来："老师，用完一根马上放好。""找一个袋子，把油画棒装进去。"

我笑了笑，问："那么你们能做到吗？"

大部分幼儿只笑不作声，还有几名幼儿相互指了指对方，只有个别幼儿说能做到。

我心里犯愁，突然想到之前老教师的提醒：要给玩教具赋予生命。

于是，每天离园的场景在我脑海闪过：有些幼儿家长来园很晚，幼儿

们就特别着急，会不停地问妈妈怎么还不来。

想到这里，我便问幼儿们："每次离园，爸爸妈妈来晚了，你们心里是不是很着急？"

"当然啦。"幼儿们一脸疑惑地看着我。

"离园的时候小朋友们都想回家了。"昊昊补充一句。

我趁机说："对呀，小朋友们想回家，刚才油画棒也悄悄告诉老师，它也想回家。"

"老师，我知道了，油画棒的家就是那个包装盒。"优优兴奋地说。

"可是老师发现有许多油画棒找不到自己的家了，它们特别害怕怎么办？"

幼儿们听了我的话，都去检查自己的油画棒，把掉在地上的、书包里的都找出来，装到盒子里，整理好再装进书包。

看到这些，我欣慰地笑了，然后说："宝贝们，你们知道吗？其实每一个物品都是我们的好朋友，都和小朋友一样，它们有自己的家，但是它们很糊涂，总是自己找不到家，需要每个小朋友帮助它们、爱护它们，你们愿意吗？"

幼儿们都说愿意。

从这次活动以后，幼儿们有了很大改善，有时某些幼儿的东西掉了，其他幼儿会帮忙捡起来。一段时间后，"告状"模式彻底消失，我惊奇地发现幼儿们开始爱惜自己的物品，用完后也会认真地整理好放回原处。

## 点评

幼儿园面对的是3~6岁的幼儿，他们的自理能力和管理能力还不是很强，因此，教育幼儿需要贴近幼儿的生活，贴近幼儿的实际，贴

近幼儿的真情实感，这样的教育方式才会使幼儿真正看在眼里、记在心上。文中老师运用了拟人的手法，给幼儿的物品赋予生命，激发幼儿的爱心和责任感。文中这种类似的现象不仅在幼儿园时有发生，在家中一定也存在类似的现象，所以，能否让幼儿认真负责地去做一件事情，教师在日常生活中的点滴引导和启发很重要，同样也要引起家长的注意，做好家园沟通和配合工作，以帮助幼儿们养成良好的习惯。

# 肚子里的"大懒虫"

**重庆市新桥医院幼儿园　曾淑红**

新学期开始，我被分配负责小班，幼儿们由于年龄小，动手能力较差，很多事情需要老师帮助，特别是吃饭。于是就出现这样的结果：每到吃饭时间，很多幼儿呆坐在座位上，等着老师喂。

"老师，你喂我。"

"老师，我在家里都是爷爷奶奶喂的。"

……

眼看着天气越来越冷，总是教师喂饭也不是办法。为了改变这一现状，我班几位老师决定，让幼儿学习自己吃饭。

经过多次引导，循序渐进中有不少幼儿愿意自己动手吃饭。

于是在某一天进餐时，我们就对幼儿们说："宝宝们上幼儿园了，都长大了，长大的宝宝就要自己吃饭。今天老师都不帮忙，全部自己吃，好不好？"

某些不愿意动手吃饭的幼儿一看没有人喂，只得自己吃。

教师一边观察，一边引导幼儿们正确的进餐方法。

过了一会儿，有教师看见曼曼端着饭碗趴在桌上，一副很难受的样子，于是急忙走到曼曼身边，摸摸她的额头问道："曼曼，你怎么了？不舒服吗？"

曼曼耷拉着脑袋，轻轻地"嗯"了一声。

"哪里不舒服？这里还是那里？"教师一边摸摸她的额头、肚子，一边试探着问道。

"嗯，肚子不舒服。"曼曼噘着小嘴巴说。

"是不是要拉肚子？"老师接着问。

"不，不拉肚子。"说完曼曼继续趴在桌子上。

教师见状，就准备先让曼曼吃点饭，再请保健医生过来看看，于是鼓励曼曼说："那今天中午曼曼想吃多少就吃多少，待会儿我们请陶医生来看看，好吗？"

曼曼一听，立刻抬头看着老师，一双小眼睛里露出了点担忧，教师以为她害怕，就对她说："没关系，待会儿老师陪着你！不过我们要先吃一点饭，因为曼曼不舒服，老师来帮助你，好吗？"

曼曼一听，无力地点了点头。

接着教师开始喂曼曼吃饭。

谁曾想曼曼胃口可好了，只见她大口大口吃着饭，不一会儿一碗饭就见底了。

老师见状就问她："再给曼曼添一碗，好吗？"

曼曼点点头。

最后，曼曼足足吃了两碗米饭加一碗汤，这可不太像肚子疼的样子！

吃完饭，老师就问曼曼："曼曼，肚子还疼吗？"

曼曼一个劲儿地摇头，"不疼了，不疼了！"说完就跑去玩玩具了。

教师也没有多想。

可是，接下来的几天里，曼曼都是这样的情况——教师一叫幼儿自己吃饭她就说肚子疼，有教师喂，她就吃得特别好，这就不得不让教师们感到疑惑了。

离园时，带班教师和曼曼的外婆做了交流，外婆说："哎呀，她在家也是这个样子。我们之前还看过医生，其他毛病没有，就是'懒毛病'严重。她其实不是肚子疼，就是不想自己吃饭。我们也在想怎么让她自己吃饭……"

听了外婆的话，老师瞬间明白了，原来这个小家伙在对老师"耍小聪明"呢。

又一天吃午饭时间，曼曼故伎重演。

教师发现后不动声色，准备好好"教训"一下这个小家伙，于是坐在曼曼身边说："哎呀，曼曼怎么老是肚子疼，是不是肚子里有虫子呢？我们还是请陶医生过来看看吧，陶医生很厉害的，能一下看清小朋友的肚子里有没有虫子，并且一下就能治好。"

听了我的话，曼曼的脸上满是疑惑。

这一次我们真的请来了陶医生，我们事先和陶医生说明了缘由，并商量好了对策。

陶医生过来抱着曼曼，用手仔细地摸了摸曼曼的肚子，随后惊讶地说："啊，曼曼的肚子里有虫！"

"什么虫？"教师和小朋友们都瞪大了眼睛。

陶医生不慌不忙地说："曼曼肚子里有一条大懒虫！不过没关系，我马上把大懒虫消灭掉。大懒虫除掉后，曼曼就再也不需要老师喂饭了。"

说着，陶医生一手扶着曼曼的肩，另一只手紧贴曼曼的肚子，轻轻一震，嘴里还大吼一声，然后说："好了，大懒虫被我打没了，从现在起，全班小朋友都要自己乖乖地动手吃饭，要不然，就会长出可怕的大懒虫的。到时候,你们就知道了,肚子疼得不得了!"

陶医生说完,回过头认真地对老师说:"曾老师,你们班上的小朋友现在都没有长大懒虫了,下次要是谁不动手吃饭,就请我来打大懒虫。"

"好!陶医生好厉害!我们谢谢陶医生。"

小朋友听了教师的提议,纷纷向陶医生道谢,然后赶紧拿上勺子大口吃起来。

曼曼也转过身,开始自己拿勺吃饭……

从此以后,曼曼每天都是自己吃饭,吃完了还端着空空的小碗向带班教师宣告:"老师,我吃完了!"

后来,我们又和曼曼的外婆了解了曼曼在家吃饭的情况。

外婆高兴地说:"她呀,现在都是自己吃饭,可能干啦!要谢谢你们……"

听了外婆的话,再联想到幼儿们的进步,我们感到无比的欣慰。

看来,只要做个有心人,就会让幼儿肚子里的"大懒虫"无处遁形!

## 点评

曼曼这个机灵鬼,假装肚子疼"玩转"家长和老师,以达到饭来张口的目的。班上老师将计就计,和保健医生表演了这样一出"除懒虫"大计,让曼曼开始自己动手吃饭。所以,在教育中我们要分辨幼儿语言、行为上的真伪,用心观察,再采用适宜的教育方式引导幼儿,才能取得好的效果。

# 不爱讲话的晨晨

**浙江省杭州市三里亭特级幼儿园　唐娟**

新的一天又开始了，早上的幼儿园总是充满着欢声笑语。操场上幼儿们开心地游戏着，教室里的念儿歌声、钢琴声传遍整个幼儿园。

这个学期，我们班级新来了一个小朋友，小名晨晨，眼睛小小的、萌萌的。她的性格比较内向，胆子比较小，我们出去玩时，幼儿们都找到了好朋友，手拉着手向前走时，晨晨总是喜欢一个人走在最后，东看看西看看。当别人发现什么有趣的东西时，当所有的幼儿都围上去的时候，晨晨却不敢围上去，总是等到大家都散去了，她才悄悄地走上前去打量一番。

在发现她这种非同一般的内向时，我们对晨晨进行了一系列的了解，我们了解到晨晨是非常单纯的，当她离开了信任的父母，离开了熟悉的家庭环境，到了一个她从来没有来过的陌生环境，面对陌生的教师和小朋友时，这陌生的一切都让她选择了一种保持观望的态度，她不善于表达，总选择默默一个人。

今天上午的一节语言活动结束后，幼儿们都高兴地洗手准备吃点心了，阿姨在分着杯子，倒着豆浆，我看了一眼坐在不远处的晨晨，她有点不开心，头低着，使劲捏着小手。

这时，值日生浩浩在分着饼干，分着分着走到了晨晨身边。浩浩说："晨晨，你喝豆浆了吗？"

晨晨没有回答。

过了一会儿，浩浩又问："你想吃几块饼干？"

晨晨还是没有回答。

浩浩无奈地说："那我给你两块吧，因为你很乖。"

这时只见晨晨伸手拿了饼干，但依然不作声。

"你没有礼貌，我不给你发饼干了。"浩浩有点生气了。

只见晨晨收回手，坐着，自始至终没说一句话。

这时浩浩急了："你知道做错了吗？说'谢谢'，做有礼貌的小朋友，我就给你。"

可是，晨晨看着饼干还是没有任何反应。

于是，浩浩生气地从晨晨身边走过，发饼干给下一个小朋友。

晨晨面对浩浩没有分饼干给自己时，她表现出来的就是"失声"，她没有向教师告状，也没有和浩浩理论。

像晨晨这样的幼儿让人心疼，我上前想帮助晨晨。

"浩浩你过来，告诉老师你为什么生气？"

浩浩说："晨晨总是不讲话，也没有说谢谢。"

我轻轻问晨晨："晨晨，你想吃饼干吗？想吃就要说出来哦。"

晨晨看看我又看看饼干，还是不讲话。

我叹了一口气，对浩浩说："晨晨来咱们幼儿园没多久，咱们慢慢来，先把饼干发给晨晨吧。"

过了一会儿，幼儿们最喜欢的区域活动开始了。

我继续观察晨晨，只见跳跳和晨晨在娃娃家玩，跳跳是一个活泼好动的幼儿，我希望在她的带动下能让晨晨开朗起来。

但是，没一会儿却从娃娃家传来了跳跳的哭声，我走上前问："跳跳

你怎么哭了？"

跳跳指着晨晨说："她抢我的煤气灶。"

我问晨晨："晨晨，你为什么要和跳跳抢东西呢？"

晨晨不吭声。

我只好问跳跳："你们今天在娃娃家里做什么？"

"我当妈妈，晨晨就来抢我的玩具。"跳跳说完又哼了一声就走开了。

我看着晨晨，她一直低着头不吭声，正当我们陷入僵局时，旁边的涵涵过来说："是跳跳乱说的，我看到是她抢晨晨的玩具，晨晨不给她，跳跳自己摔倒了。"

涵涵说完，旁边的幼儿都为晨晨抱起了不平，直到跳跳过来主动承认错误。

对于跳跳的撒谎，我是有些生气的。于是，我先把晨晨叫过来，她怯懦的样子，让我忍不住给了她一个拥抱。

"晨晨，我是你的朋友，刚刚发生了什么事？你自己能讲给我听吗？也许我能帮上忙。"

或许是得到了小伙伴们的"拥护"，晨晨终于开口讲话了，她说："是跳跳，是跳跳……"

区域活动结束后，我在讲评时与幼儿们共同探讨娃娃家发生的事情。幼儿们纷纷说了自己的想法。

乐乐说："我觉得跳跳不对，不能欺负人，更不能撒谎。"

洋洋说："她们可以石头剪刀布，这样就不用抢了，谁赢了谁玩玩具。"

可可说："我会保护晨晨，我带着她玩。"

……

幼儿们讨论后，我观察了跳跳的表情，她有点不好意思。

在接下来的生活环节，我悄悄问跳跳："你觉得刚刚那件事，你想说点什么吗？"

跳跳说："我错了。"

我抓住机会说："那请你接下来的一个礼拜都照顾晨晨，可以吗？"

跳跳使劲点头。

在接下来的一周里，由于幼儿发起的带动、照顾，晨晨渐渐开朗起来，和同伴之间的距离拉近了很多。

让同伴带动晨晨，不仅利用游戏的感染力，培养幼儿积极、活泼的性格，通过同伴的带动、照顾，让晨晨与同伴在游戏中交往，也促进了她的语言发展能力。比如，在区域角色游戏中，跳跳扮演的妈妈带着晨晨看病、买菜等一系列角色扮演活动，在跳跳的带动下，晨晨观看着，浸润在游戏中。有一次晨晨还主动把自己的水果分享给跳跳"妈妈"吃，并说好东西要一起分享。

另外，我们会给晨晨一些奖励，比如可爱的贴纸；当晨晨愿意说话的时候，我们认真倾听，并尝试使用"六个一"法，就是抱一抱、拉一拉、亲一亲、夸一夸、问一问、蹲一蹲。

每一次，我都用心观察，仔细去发现，充分肯定晨晨的进步，给予晨晨一些正面强化手段，让晨晨感到快乐，并深化其与同伴交流中的积极行为，有效地促进了晨晨大胆、主动的表达与交流行为。

**点评**

晨晨属于"静寂型"幼儿，我们必须要引起重视，并通过他们乐意接受的方式创设有利条件与机会，帮助、引导、支持其表达与交流，促进幼儿健康快乐地成长。

# 爱哭的小白

### 河北省石家庄市直机关第一幼儿园　赵丽

小白是一个自尊心很强的男孩子，平时很懂礼貌，见到人能主动打招呼，爱劳动，而且学习上表现得也不错。

但是小白有一个令所有人都头疼的问题，那就是习惯用哭来解决问题，而且在哭的时候无论谁说什么都听不进去。

他体育游戏比赛时输了会哭，儿歌学得慢了会哭，饭吃不完会哭……一天多的时候能哭四五次。有了困难从来没有想过自己去想办法解决，更不会向别人求助。

面对这种现象，我多次找到他的妈妈，了解他在家的情况，原来在家里他也是这样。

小白妈妈说："小白比较小的时候，一直跟着爷爷奶奶，爷爷奶奶比较溺爱他，从来都是顺着小白的想法去做。老人听不得孩子哭，他一哭就会去哄，然后顺着他的意思给个台阶下。"

可是随着小白慢慢长大，这种情况越来越严重，他已经形成固定的思维模式，遇到问题不会用其他方法去解决，认为只要哭，就会有大人来帮他解决问题，最终养成了用哭解决问题的习惯。跟小白妈妈交流的过程中，可以看出她也很着急，也在想办法来扭转幼儿的这种情况。可是习惯一旦养成，短时间之内不好扭转。只能慢慢地根据幼儿个性制定一个可行的方案，而且需要家园共同配合努力才可以。

我跟小白妈妈说，先不要着急，要帮幼儿改掉这个习惯，我们需要共同努力。然后我告诉小白妈妈在家里的时候应该怎么做。

首先，幼儿要父母亲自带，尽量不要再让老人管幼儿的生活起居。

其次，没事的时候多跟幼儿讲道理，告诉他不能用哭来解决问题，有问题要自己想办法解决，如果自己不能解决，要向别人求助，并举一些实例帮助幼儿理解。

最后，如果幼儿一天都没有发生用哭来解决问题的情况，要有一个小小的奖励，以此来激起幼儿以后自己想法解决问题的欲望，慢慢将用哭来解决问题的坏习惯改正。

另外，还要注意的是，道理幼儿都能听懂，但是真遇到了事情，因为习惯，他可能还会选择用哭的方式来解决，这时请家长不要去哄，他哭的时候只要告诉他，什么时候不想哭了，再说清楚哭的原因。而且还要多鼓励他有困难的时候自己想办法解决，比如，饭吃不完，可以提前告诉妈妈少要一些等。

在园内和家里用同样的方法进行引导，而且还要让小白学会自己想办法解决问题。

有一次刚上完课，让幼儿们自由活动，小白那天很活跃，在座位上总是坐不住，而且手还做了手枪的姿势，嘴里振振有词地叨叨着什么。

这时，小白邻座的瑶瑶说："老师，我不想挨着小白了，他总叨叨，我快烦死他了。"

瑶瑶一说，他们桌其他几个幼儿也跟着说了起来："就是，烦死他了，我也不想挨着他。"

这时小白的小脸一下子拉了下来，小嘴也撇着。估计再有一会儿，就该哭了。

我想着不能总是逃避小白爱哭的问题，必须面对，应理论与实践结合，帮助小白改掉爱哭的习惯。

面对小白同组幼儿的告状，我对小白说："小白，你能换个桌坐吗？"

小白看了看我，摇摇头说："我不，我就喜欢第四桌。"

"好，既然这样，那你就想办法去跟你们组的小朋友说一说，看看他们可不可以让你留下来。"

听到我这样说，小白明显愣住了。

我知道，对于从来没有自己想办法解决问题的他来说有些困难，或许想不出来办法又该哭了，但是必须给他自己尝试的机会。

见小白一直发愣，且一直盯着我看，我转念一想，说："小白，要不这样吧，你可以在班里找一个小朋友帮你一起想办法。"

于是，小白看向大家，希望得到某个小朋友的帮助。

"愿意帮助小白想办法的小朋友请举手。"我话音刚落，有很多幼儿都举起手来。

我又对小白说："小白，你可以去找一个举手的小朋友帮忙。"

小白先是环视了一下，小脸上终于有了些笑容，他走到然然跟前问："我该怎么说才能留下来呢？"

然然对着小白耳语了一番。

小白很自信地走回自己的座位，跟他们组的小朋友说："对不起，我以后不会那么大声地吵了，我可以留下来吗？"

其他小朋友都说"可以"，可是瑶瑶还是坚持说："不行，他说话不算数的，他以前也说过不吵了，可还是吵。"

小白一听到瑶瑶这么说，小脸又拉了下来，眼睛里开始泛红了。

我连忙说："小白，这次说话是算数的，对不对？"

小白使劲点了点头。

瑶瑶又说："那他如果再那样怎么办？"

我笑着看了看小白，示意他回答瑶瑶。

这次小白忍住了眼泪，很大声地说："如果我再那样的话，我就自己去别的桌。"

瑶瑶终于同意："好吧，那我们就再给你一次机会吧。"

小白的小脸立刻笑了起来，高兴地坐了回去，而且坐得很端正，也没有大声吵闹了。

我微笑着走过去小声对他说："小白，老师要表扬你。这次你自己想办法把问题解决了，连哭都怕你了呢，瞧，哭都被吓跑了，如果以后都这样的话，那哭就再也回不来了，小白笑起来才更漂亮呢。"

听完我的话，小白的小脸笑开了花。

这一天，小白没有哭。

到晚上走的时候，我奖励给小白一朵小红花。

我知道小白喜欢彩色铅笔，就告诉他集够10朵小红花以后，可以得到一支彩色铅笔作为奖励。还让他加油，把哭赶跑的同时，把微笑和铅笔赢回来。

经过一段时间的努力，再次跟小白妈妈沟通时，发现他在家里也进步

了很多，有的时候能感觉出来他在有意识地克制自己不去哭，而且慢慢地学会了自己想办法解决问题，或是向大人和伙伴求助。

**点评**

> 小白很明显是被爷爷奶奶宠坏了，习惯了用哭解决一切问题，但在幼儿园内或者小朋友面前，没有人愿意一再包容和忍让，教师通过与家长沟通制订周详的计划以及在幼儿园内鼓励、引导小白自己解决问题，最后又以奖励作为动力帮助小白克服"哭"。所以，有些坏习惯不是幼儿天生就有的，每一个习惯的养成都与幼儿平时的成长环境和教育观念有关。当幼儿身上有些让我们感觉到头疼的特性时，我们首先要反省的是自己的言行，首先要找到问题的根源，再去加以研究解决，只要我们用正确的观念和方法去引导，再多加鼓励和支持，相信事情就会往好的方面发展。

# 可是我不会呀

江苏省苏州市工业园区新加花园幼儿园　林昀

又到每周美术活动幼儿自己操作的时间了，今天幼儿们的任务是用手指点画毛毛虫，所有的幼儿们都期待万分，清清也是。

当所有的幼儿都开始玩色时，清清却看上去犹豫不决，一直左顾右盼地观察着。不一会儿，他跑来林老师身边求助："林老师，你帮帮我吧！"

林老师很奇怪地问他："怎么了清清？你刚刚有哪里没听懂吗？"

清清很困惑地摇摇头："不！我听了！可是我不会呀！"

幼儿们画完了自己的毛毛虫，洗干净手，便去上厕所、喝水了。

从厕所出来的清清一路跑到林老师身边："林老师，你帮我拉拉裤子吧！"

林老师知道清清能够自己拉上去，便没有帮助他，只是笑着说："自己试着拉上去，你可以的！"

清清一副十分努力地拉裤子的样子，回答林老师："可是我不会呀！"

午睡时间到了，幼儿们在自己的床上脱衣服，清清坐在床上却不动，转头观察着隔壁床的浩浩脱衣服，当他发现林老师正在帮助班级里最小的帆帆脱衣服时，开始喊起来："林老师，帮帮我，我的衣服脱不下来了！"

林老师便对他说："脱裤子更加简单，你试试好吗？"

清清试着动了动，说道："可是我不会呀！"

这已经是清清一天之内第三次说"可是我不会呀"这句话了，这句话

似乎已经快成他的口头禅了，一出现困难就以不会来搪塞，这样只会影响到清清的自理能力。

该想一想办法，找清清谈一谈，解决这个问题了。

林老师将大部分幼儿安顿好后，走到清清身边，清清此时还在盯着林老师，并没有脱衣服。

林老师指指旁边的浩浩："你看浩浩是不是在自己脱衣服呢？你也自己试试好不好？"清清刚想拒绝，林老师接着说，"我在旁边陪着你，你来试试吧，我给你加油！"

清清看到林老师真的在身边陪着他，便开始动了起来。将裤子脱下当然没有问题，坐在床上准备将裤脚脱出来时又发现了困难，这时林老师继续鼓励，并摸了摸脚后跟告诉清清："从这里脱会更方便哦！"

不出所料，清清经过提醒完全可以自己脱裤子了。

虽然脱上衣时还需要林老师帮助抽出袖子，但可以看出清清已然有自己脱、自己整理的意识。

起床时间到了，林老师没等清清说出自己的口头禅，走到清清的身边提醒他："清清，快起床吧，林老师在旁边陪你穿衣服，快来试一试！"

清清一看，立马拿起衣服，边问边穿："是这一面吗？这一面是正面吗？裤子呢？弯弯的口袋在前面吗？"

这时候的清清只需要林老师点点头，或者摇摇头，就可以自己帮助自己穿好衣服。

林老师发现清清的进步，也十分高兴。

可是没过多久，林老师又听到了清清熟悉的声音"可是我不会呀"。

林老师望过去，原来清清上了厕所，正在向阿姨求助拉裤子呢！

"我裤子紧,阿姨你帮我拉拉吧!"

于是,林老师叫来清清:"清清,老师来教你拉裤子,但不会帮你拉裤子。"

"你先拉起你的小内裤,拉好了吗?"

"然后是你的棉毛裤,成功了吗?"

"最后把你的外裤拉起来!加油哦!"

看着清清使出很大的劲,终于成功地把裤子拉上,老师露出了开心的笑容。

清清的自理能力虽不说很强,但绝对没有到有问题的程度,他一直出现"可是我不会呀"这句口头禅,只是家中包办太多,依赖性过强的结果。

其实想要解决这样的问题,与幼儿家长沟通十分有必要。

林老师在放学过程中与清清妈妈进行交流,将之前所有的情况和清清妈妈沟通后,清清妈妈提到在家里也意识到了这个问题,但家中老人较多,对清清又十分宠爱,清清只要动动嘴巴,爷爷奶奶就会帮他做许多事。

可是来到幼儿园,清清发现老师、阿姨不会轻易帮他,便总是说"可是我不会呀"来得到老师和阿姨的帮助。

在沟通后,清清妈妈表示会努力将家里与幼儿园做到一致,回家杜绝老人包办一切的行为,鼓励幼儿自己动手,并在他成功后进行及时表扬,以提高清清的自理能力。

清清是一位非常可爱、善良的男孩,富有很强的内心情感,同时他也很依赖自己信任的人。

刚上幼儿园的他,从一个充满着依赖的家到一个完全陌生的地方,无法快速适应,便对教师产生依赖感,这也是清清开始信任教师的表现。

对于这样的幼儿，首先我们应该做到的就是让他感受到爱，感受到教师、阿姨会像爸爸妈妈一样给他满满的关怀与安全感，知道自己在遇到困难时教师会陪在他的身边与他一起渡过难关。

当他爱上幼儿园、爱上老师和同伴后，便能够放下焦虑，努力使自己融入幼儿园，去与其他幼儿一起成长。

当然，家园沟通也必不可少，家园的一致与同步会使幼儿能力更加有效地快速地提升。幼儿园是一个充满爱的地方，希望所有的幼儿都能够在这样的环境中成长，锻炼出自己所必需的技能，一路向阳，快乐成长！

**点评**

> 教师在面对经常给自己贴上"我不会"标签的幼儿时，通常是无奈的，而幼儿是为何让"不会"成为口头禅的？的确引人思考。在本文中，当幼儿不停地说出"不"这个字时，教师更多的是在对他已有能力了解的基础上，进行语言上的鼓励与引导，让幼儿自己的事情自己做。在后续教育工作中，幼儿园需要与家庭紧密联系，努力做到家园一致，不断提高幼儿自理能力，让幼儿不再说"我不会"。

# 探究学习

## "白云枕头"长脚记

**江苏省无锡市新安中心幼儿园　冯晓薇**

上一次我们的主题正好与植物有关，幼儿们也带来了各种种子进行观察讨论。妞妞带来了一包红豆，得意地对小伙伴们说："这是我最喜欢吃的一种种子，它可以做成红豆汤，还可以做成红豆饼，甜甜的，可好吃啦！"

圆圆带来了黑芝麻和小米，玥玥带来了薏仁，恩恩带来了南瓜籽……课堂上幼儿们热烈讨论，对种子的形状、颜色等有了初步的了解。

课间，幼儿们对各种种子的好奇心还在延续着，大家都想知道到底是如何种植种子，才能让它们顺利发芽成长，然后结出果实。

于是，班级的自然角变得热闹极了。

幼儿们围着花盆，几个人商量组成一组，进行种子种植。后期，幼儿们成功培育出了小幼苗。

最近，新的故事发生了。

李老师带来了一个新玩意儿，它长得白白的、方方的。幼儿们围观一番后，七嘴八舌地议论起来。

萱萱说："李老师，这个是砖头吗？"

恩恩说："砖头是红色的，很硬的。我觉得这个像枕头，有点方方的。"

茜茜说："枕头都是棉花做出来的。"

……

一番激烈争讨后，幼儿们决定向李老师寻求真相。经过李老师的解释，幼儿们了解了，这个白白的、方方的、像枕头一般的新玩意儿，叫做菌种，它会长出富含营养的菌菇。

"那我们要一起种植出很多菌菇！"玥玥开心地说。

李老师说："对呀，这个'白云枕头'就是带来让你们照顾的呢！"

于是，新故事拉开了序幕。

幼儿们在前期有了丰富的种植经验，对于植物生长的三要素了然于心。

小岩岩说："它肯定需要很多水，还要给它空气和阳光。"

恩恩说："对啊，以前我们那些种子发芽，也都是这么照顾的。"

玥玥问："我们这次要放在水里养吗？"

臻臻说："以前的对比试验好像都是放在泥土里面的种子长得更快！"

幼儿们结合前期种植经验，进行着激烈的头脑风暴。

这时，冯老师凑过去，激励大家："我们要不要两种方法都试一试呢？"

幼儿们纷纷点头。

但是问题又出现了：李老师只带来了一个菌种，这怎么进行对比试验呢？一番商议之后，幼儿们决定让爸爸妈妈买几个菌种带来幼儿园。

为了保证公平性，幼儿们都买了跟幼儿园同款的菌种——平菇菌种。

几天后，教室的操作台被菌种占满了，幼儿们也因"各持己见"分为了几组。

阳光组：这一组的幼儿认为阳光是菌种发芽最关键的因素，因此他们将菌种放置在窗口阳光下进行培育。

泥土组：这一组的幼儿坚持在泥土里的菌种会最先长出菌菇，并且他们觉得应该将菌种的袋子撕去，因此他们将菌种种植在泥土中。

水培组：这一组幼儿认为，水里的菌种长得最快，也认为需要将菌种的袋子撕去，于是将菌种放在水中培育。

树木组：这一组的幼儿比较少，只有两位，他们坚持平时看见的蘑菇都是生长在潮湿的树木边上，因此他们在菌种旁边放置了一些树枝、木片。

班级里的"小博士"小岩岩说："你们别着急啊，这里有菌菇的种植小提示，我们看一看啊。"

大家带着好奇心去看种植说明。

岩岩看了看种植说明说："上面有好多字，找冯老师来告诉我们吧。"

冯老师将种植小贴士的内容念给幼儿们听。果然，又有小机灵抓住了关键词："潮湿""弱光""多喷水""把袋口立起来"……

幼儿们立马要求换组！

这一次商议后，幼儿们展开了新一轮的分组，最终分为潮湿组和阳光组。

潮湿组：这一组的幼儿按照提示，把菌种立起来，放置在托盘内，每天多喷水，并且用泡沫箱罩住菌种，确保环境的弱光性。

阳光组：这组幼儿仍然坚持将菌菇放置在有光照的地方，同样也将菌种立起来，放置托盘内，每天多浇水。

就这样，幼儿们分组完毕，还给各自组设置了专属logo以及观察记录本。

一周过后，菌种"长脚"了，而且两组的菌种都"长脚"了！但潮湿组的菌种长的"脚"多，阳光组的菌种长的"脚"少一些。

潮湿组的"小博士"小岩岩说："我们用泡沫箱把菌种遮住了，让它在比较黑的环境下生长，这就是店家说的'弱光'吧。但是泡沫箱的边缘还是可以有一点光透进去。"

冯老师说："的确哦，你们这个泡沫箱使用得非常得当，它既能保证挡住一定的光照，又能保证这个环境的潮湿。"

阳光组的队长玥玥安慰组员说："我们的猜想还是有一点正确的，它的生长还是需要阳光的，只是不用很多。"

其实，幼儿们还有各种各样的种植猜想，在后续的日子里，树木组和泥土组又成立了！

那么他们的实验结果又会是怎样的呢……

人的一生中会碰到许多问题需要解决，当幼儿遇到疑惑时，教师或者家长都不要着急将答案直接呈现给他们，要保护他们的探究欲。通过有意识地设置小问题进行引导，幼儿通过小实验去验证自己的猜想，使得幼儿以后看见问题、遇到困难，都有自己动脑筋解决问题的意识，而不会一味地去依赖别人。这对幼儿的成长，是非常重要的。

## 点评

《指南》指出："要遵循幼儿的发展规律和学习特点，充分尊重和保护其好奇心和学习兴趣，创设丰富的教育环境，合理安排一日生活，最大限度地支持和满足幼儿通过直接感知、实际操作和亲身体验来获取经验的需要。"对幼儿来说，科学就是他们每天所做的事，因为幼儿对周围世界的好奇和疑问无时无刻不在发生。因此，幼儿科学

教育除了通过专门组织的科学教育活动之外，更多的是在一日生活中的随机教育。由于幼儿生活经验的不系统性，生活事件便成为重要的问题线索，这种随机产生的科学教育活动的教育价值比按部就班的活动教育价值更大。

在"白云枕头"长脚记的探索过程中，教师紧扣幼儿的好奇心，及时放手又适时提供必要的帮助，让幼儿自由探索、积极试验，在自主的氛围中验证自己的猜想，有效提高了幼儿的动手能力，保护了幼儿的探究精神。幼儿正是运用不同的探究方法，经历了发现问题、分析问题和解决问题的过程而获得探究能力。

教师要努力营造探究情境，注重引发幼儿关注问题，以问题为导火线，引导幼儿循着问题的线索，主动探索、发现，进而解决问题；同时要归纳知识、进行小结，帮助幼儿明确概念，形成整体认识。

# 金鱼的"葬礼"

北京市大兴区第一幼儿园　韩雪

清晨，幼儿们陆续来园。

活动室里突然响起飞飞的尖叫声："韩老师，快来呀，乐乐带来的金鱼死了！"

幼儿们立即跑向植物角，鱼缸马上被围了起来。

丹丹轻轻地说："金鱼可能没有死，它应该是躺着睡着了吧？"

飞飞把渔网伸进鱼缸碰了碰漂浮在水面的金鱼说："它肯定是死了，你看，我碰碰它，它也不动。"

说话间，几个幼儿脸上露出惋惜的表情。

"昨天回家前我还看过它，它还是活着的呀，怎么今天就死了呢？"

"昨天我是值日生，我还喂它吃鱼食了。"

"昨天我去植物角还观察了金鱼，把它的样子画下来了，它昨天一直在游来游去。"

幼儿们你一言我一语地说着，眉头也越皱越紧。

"这可怎么办呢？还是把它扔掉吧，妈妈说会长细菌的。"毛毛的问题马上转移了大家的关注点。

"是呀，我们还是扔掉它吧。"露露说。

"那扔到垃圾桶吧。"

我在一旁想：正好可以借金鱼的死亡引导幼儿们了解生命的过程，尊

重和珍惜生命。

于是我对大家说:"金鱼是乐乐带来的,我们等乐乐来园再讨论和解决吧,他才是金鱼的主人。"

幼儿们纷纷点头同意。

在晨间谈话环节,我首先问幼儿们:"金鱼为什么会死?"

没想到,幼儿们通过观察发现了一些可用来推测金鱼死因的蛛丝马迹。

聪聪说:"金鱼昨天没有被带回家,肚子饿了就没有食物吃,它可能是饿死的。"

亮亮大声说:"它可能是吃得太多了,爸爸说金鱼吃太多会被撑死。"

"我觉得,金鱼有可能是因为水不干净,所以才死的。"丽丽一本正经地说,"水必须保持干净,还要有氧气,我家的鱼缸每天都用氧气泵给那些鱼输氧气。应该是没有氧气才死的。"

幼儿们虽然最后还是不知道金鱼到底是怎么死的,但我看得出来,他们对于金鱼的关爱溢于言表。

我接下来问:"我们应该怎样处理死去的金鱼呢?"

幼儿们沉默了几秒钟,丹丹轻轻地说:"我们可不可以把它扔到垃圾桶里?"

聪聪大声反驳道:"不行!金鱼是我们的朋友,我们不能就这样把它给扔掉。"

"你们有更合适的办法吗?"我追问。

晨晨想了想挠着头说:"我们可以把金鱼埋进咱们班的种植园里,想它的时候就去看看它。"

幼儿们听了这个主意纷纷表示同意,于是,我们决定为金鱼举办一场

"葬礼"。

男孩儿们用渔网把金鱼捞上来，由女孩儿们负责用干净的软布轻轻为金鱼擦干身上的水和脏物，再把它放到干净的饼干盒里，双手捧着来到教室外的植物园。

幼儿们默默地挖土，又默默地将金鱼掩埋。

在"葬礼"上，每个幼儿都表情凝重，他们给金鱼送上它爱吃的鱼食，还送上一句思念、祈祷的话。

有的幼儿，眼睛里闪烁着泪光，告别时仍依依不舍。

我见状对幼儿们说："这条金鱼死了，但我们班里还有其他金鱼，我们该怎么做呢？"

幼儿们通过这件事似乎懂得了很多。

明明说："我们要好好照顾金鱼，给它定期换干净的水。"

丹丹深有感触地说："我们要和金鱼做朋友，要陪它们聊天，不能忘记喂它们吃东西，不要让它们挨饿。"

乐乐抢着说："也不能让金鱼吃太多，会撑着它们。"

"如果金鱼在幼儿园待了一段时间想家了，我们就把它们放了，让它们去找自己的爸爸妈妈吧。"露露说。

第二天来园时，好几个幼儿自发带来了家中的金鱼和一些养鱼用具，有金鱼饲料、鱼缸清洁刷、清洗剂等。

琪琪还带来了两个笔记本作为"喂养记录本"，她认真地解释说："笔记本是照顾金鱼的记录，每次喂了金鱼、给金鱼换了水后就在笔记本上写上日期画对钩，这样班里的其他小朋友看到就明白了，谁也不会喂多或者忘记喂食。"

幼儿们对琪琪的提议纷纷表示赞同，于是我借机抓住这一幼儿提议，启发幼儿设计表格，用自己的方式进行记录，并自然生成了一节数学活动"金鱼喂养记录"。该节课还在全园进行展示，受到了园内领导的大力肯定。

幼儿们通过这些事都对生命的概念加深了了解，知道生命是各种各样的，有些生命比人类弱小，要更加珍惜和关爱与自己朝夕相处的动植物。

接下来的活动中，我将结合班级交通安全课堂，引导幼儿树立安全意识，懂得尊重自己和别人的生命的同时，学会一些自救的方法。例如：如何安全地使用火、电、煤气，遇到危险时应该采取怎样的措施。让幼儿实实在在地感受到生命的难能可贵。

## 点评

生命教育是一项不可忽视的教育，它的重要性和意义性，胜过任何的教育。教师作为幼儿的启蒙者，就必须要帮助他们认识生命、尊重自己和别人的生命，懂得去珍爱生命。希望今后幼儿们对所有的生命都怀有尊重之心和责任感。更重要的是为他们成为热爱生活的幸福的人奠定基础。

# 金牌"守门员"的诞生之路

**江苏省常州市新北区河海幼儿园　郝卫锋**

棍球活动是我们幼儿园的体育特色，深受幼儿喜爱。尤其是大班幼儿在赛场上，奔跑、疾射、呐喊、加油，感染了很多老师和幼儿。

久而久之，户外棍球活动成了一道亮丽的风景线，时常听到幼儿们讨论进了几个球、谁做了裁判……

有一天，大二班棍球活动结束后，轩轩走到我面前说："郝老师，我要挑战你。"

我告诉他："欢迎你来挑战。"

轩轩伸出大拇指说："开始吧，我能打到球，打飞球，比你厉害！"

我想了想，告诉他："棍球活动时间结束了，比不了了，下次吧。"

于是，我们约定明天比一比。

第二天，户外活动时间到了，可是我临时去加固栅栏、维修滑索，把"棍球之约"忘记了。等快结束的时候，背后有人拍了我一下，我回头看到轩轩。

"郝老师，你骗人，你没有跟我比赛。"轩轩看上去很生气。

我赶紧道歉，连忙说对不起，并且很严肃地跟他说："明天一定赴约。"

正要离开，他煞有介事地双手叉腰，拦在我面前，大声地说："你不能走，我要和你拉钩。"

我笑了笑，跟他拉钩、盖章。

第三天，我早早地来到棍球场地等着，可是到结束轩轩都没有来。我想，这个小家伙肯定忘记了。

第四天，我照常来到棍球场地，随后听到轩轩的声音："郝老师，我来了，我们比一比！"

紧接着，我们开始摆场地，他跑到筐子旁边，拿球棍等着我。

比赛开始了，轩轩的注意力非常集中，一直关注球的方向，我也不甘示弱，总是在他击球之后截球。

轩轩不放弃，依然追逐着进球。

我看着他满脸的汗水，问他要不要休息一下，他摇摇头，并说："我马上就要进球了，郝老师，要不你去做守门员，我进飞球给你看。"

我就暂时换成了守门员。

小家伙很厉害，一会儿工夫，踢了好几个球。可是，都被我打了出来。

一直不进球，轩轩有些消极，主动提出休息一下，然后又说不想打球了。

于是，我鼓励他："你很快要进球了，就放弃吗？休息一下，再来试一试？"

轩轩去喝了点水，回来又给我调整角色，我射球，他守门。

来回几次，我表现出有些累的样子，减少踢球的力度，故意把球踢到他面前，轩轩顺势接住球，高兴地喊了起来："郝老师，我能接住你的球了。"

我想，有时候老师的示弱，会让幼儿更加自信。

紧接着，很多幼儿来打球，我就退出了活动，他们开心地玩了起来。

我在旁边看着，突然有个幼儿用力地一击，进球了。轩轩很不高兴，用力地把球棍打在地上，嘴里还嘟囔着："是我不小心。"

又一轮攻击开始了，轩轩的注意力集中，有时能守住球门，有时又

不能。有幼儿进球时，轩轩表现出生气、哭鼻子、不玩了，等等。

我就在想，我之前的故意输球对吗？虽然有时候应适当示弱，让幼儿体验成功感，但是面对同年龄、游戏水平又相当的幼儿之间的比拼，他们彼此间会适当示弱吗？

经过现场的分析与总结我发现，幼儿示弱有两种：一种是因大班幼儿的竞赛意识较强，在平时的生活中喜欢扮演强大的角色，可是一些幼儿在游戏中遇到困难就示弱、后退或者靠近强者。另一种是关系比较亲近的小伙伴一同玩耍，如果小伙伴游戏中不顺利，另外一位小伙伴就会示弱，自降水平与其他幼儿保持一致。

于是，我认为应慢慢引导轩轩认识运动员的必要素质，培养抗挫能力。后来在与班级老师、家长探讨交流时，我又了解到轩轩是个要强的幼儿，我和他第一次棍球之约时他生病了，依然坚持赴约，而我却因为别的事情没有过去，我感动的同时也有些内疚。

首先我先教会他们技能，比如注意力一定要集中，活动中注意关注球的方向；面对球员逼近的情况，冷静面对且预测球的方向；握棍要灵活，学习反手握棍；击球的力量一定要大，让球远离球门才是安全的；等等。

刚开始，轩轩守不住球门会哭闹，用手脚去踢球门、摔打球棍。我每次都及时提醒，家长、班级老师跟进，提醒轩轩要学会控制自己的行为。但是，收效甚微。

于是，我想到借用同伴的评价，用集体的力量影响轩轩的行为。把他每次输球后的行为录下来，放给幼儿们看，让幼儿们进行讨论。

经过几次研讨下来，轩轩的行为大有改观，还会对其他幼儿进行监督、提醒和帮助。比如，有一次比赛，赛制5对5，可是另一队的队员没有到齐，

由昊昊临时替补进去，队长就把昊昊安排做守门员。昊昊说自己不会守门，在有可能耽误比赛的情况下，轩轩跑到昊昊身边说："我刚开始也不会守门，一个球都守不住，慢慢地我就很厉害了。"

就这样在多方影响下，幼儿们的打球水平越来越高，有的时候我用尽全力也没能进球。轩轩在其中的变化非常大，也变得坚强了，不会再因为输球哭鼻子了。而在守门方面，注意力、灵活性、协调性也都大大提高，变成了一个守门高手。在后来的大班棍球联赛中，轩轩所在的"闪电队"赢得了冠军，轩轩也因为突出表现获得"金牌射手"的荣誉称号。

## 点评

兴趣是幼儿最好的老师，只要是幼儿自己喜欢的事情，幼儿会积极主动去参与。轩轩因为喜欢棍球活动，尽管遇到身体不舒服的情况，依然坚持。教师在活动中是否该示弱引发思考，在肯定开展棍球活动价值的同时，关注幼儿行为，及时做出行动，为幼儿全面发展做出支持。适当的示弱、鼓励、表扬，可以激发幼儿参与的兴趣，促进幼儿坚持、自信等学习品质的培养，但是需要把握好这个度，不能给幼儿制造假象，使幼儿分辨不出自己的真实水平。有效培养幼儿的抗挫能力，能够帮助幼儿正面面对失败，培养幼儿坚强、勇敢、自信的优良品质，使幼儿在亲身体验中获得经验，满足幼儿动作技能的发展需要，引导幼儿向高水平发展。

# 一条"小青虫"激发的创造力

**江苏省苏州市工业园区新加花园幼儿园　李爱琳**

一天,李老师带着幼儿们一起制作手工——小青虫。手工并不复杂,于是李老师决定把重点放在指导幼儿小心地控制剪刀,沿着图案轮廓修剪,从而尽量少地让作品上出现不必要的白点(通常是由于没有剪干净造成的)。

为了不让幼儿们对这项看似简单的任务产生怠慢,同时激发他们参与活动的兴趣,李老师精心设计了一些启发性的问题,比如:

"你们见过小青虫吗?"

"在哪里见过?"

"它们是什么颜色的?"

"它们喜欢吃什么?"

……

幼儿们纷纷抢着回答:

"它们喜欢吃树叶。"

"我在妈妈洗的青菜叶上看到过。"

"我看到过,在小树叶上,下雨后,它们会悄悄爬出来。"

……

李老师对幼儿的大胆表达给予及时的肯定。

后面,李老师为了尽量让幼儿更多地自主选择作品呈现方式,补充说:"可以把小青虫的一段身体粘在树叶上,当然,如果你们愿意,也可以什么都不做，让它活动自如，爬到哪里是哪里！"

拿到工具和材料，幼儿们便开始动手制作了。

教室里安静极了，李老师眼前看到的是一群专注于手工的幼儿，耳边听到的只有咔嚓咔嚓的剪刀声。

不一会儿，就有幼儿兴冲冲地举着完成的作品跑去给李老师看，李老师仔细观察了每份作品，给予每个幼儿及时有效的反馈。

就在这时，一个小男孩跑到面前对李老师说："看，李老师，你觉得我的小青虫做得棒不棒？"

李老师捧起幼儿送来的剪得还不错的小青虫，点头表示肯定，温柔地对男孩说："不错哦！如果下次小青虫身体轮廓上的小白点再少一些就更好啦！还有，用剪刀时得更小心一点！瞧这里，多了好大一个尖尖角，估计是被你剪坏了吧？"说着，李老师指着小青虫背上一块突起的尖角，暗自得意发现了这小小的破绽。

可是，小男孩刚才还乐呵呵的脸上突然皱起了眉头，用很急切的语气解释道："李老师，不是这样的，这个尖尖的、多出来的东西不是我剪坏的！这其实是小青虫屁股后面长的尖尖的刺，真的！因为我在书上看到过。"

还没等李老师开口对刚才点评时的失误表示道歉，小男孩便迫不及待地又转身朝站在身旁的好朋友说："瞧，这是我给小青虫做的刺，因为我在书上看到过。"

只见小伙伴咧开嘴，扑哧笑了起来，说："原来是小青虫的刺，真好玩儿！"

站在一旁的李老师脸上顿时掠过一丝惭愧。出于内心深处的一个声音，李老师来不及多想，把小男孩揽进怀里，说："这个都被你想到了，老师刚才怎么没有发现呢！"

小男孩见状立刻露出了乐滋滋的表情。

有趣的是，这个小插曲瞬间演变成了一个连锁反应，立刻引发了第二次、第三次的"美丽意外"。

当李老师走过第六组幼儿时，有幼儿拉着她的手说："李老师，我能剪个小洞洞吗？因为我的小青虫在吃树叶，被吃过的树叶有小洞洞。"

顿时，李老师被这些天真的眼神和充满稚气的话感动了，及时鼓励和赞成幼儿们的各种想法。

连平时一完成手工就万事大吉、到处乱窜的调皮鬼，也一声不响地拿着剪刀和一条差不多完成了的小青虫继续埋头忙活着什么。最后，他抬起头说："老师，你看我在它旁边放了三片小叶子，它可以早上吃这里，中午吃这里，晚上再吃这里！"

这一刻，李老师心里感慨万千。

如果急于否定起初的幼儿的小小创意，就等于在不经意间扼杀了幼儿的创造力。同时她开始反思，为什么平时的手工课结束时没有这种充满生命力的对话呢？

教师应该怎样去爱幼儿、理解幼儿，到底要给予幼儿什么呢？

相信，只要多给幼儿一些机会，就能充分展现他们惊人的想象力。

就像制作"小青虫"的过程一样，一个小小的提示，几个巧妙的问题，就可以让它成为幼儿创造想象的舞台！

其实，著名教育家陶行知先生在小时候也发生过类似的事情。他曾把母亲刚买回家的金表弄坏了。母亲狠狠地揍了小陶行知一顿，并把这件事告诉了他的老师。老师听了这件事幽默地说："恐怕一个中国的爱迪生被你枪

毙了。"陶行知的母亲很不理解，老师给她分析说："孩子的这种行为是创造力的一种表现，你不该打他，要解放幼儿的双手，让他从小就有动手的机会。"后来，老师让母亲和小陶行知一起把金表送到钟表铺，让小陶行知站在修表匠的身边，亲自看一看金表的内部结构，了解一下修表匠是怎么把金表修理好的。这件事让陶行知先生终生难忘。

对于幼儿，在手工活动中剪得坑坑洼洼、歪七扭八的现象，虽说是一件极其普通的事情，但是教师应该用心发现幼儿在其中的创造力，充分尊重幼儿，耐心聆听幼儿的心声，让幼儿有机会来表达自己的想法，教师要给予赞赏和肯定，呵护和发展幼儿的创造力。

## 点评

丽萨·波曼在著作《老师，你在听吗？》中曾提到一个概念叫"空白的儿童"，告诉人们教师的观点与反馈往往决定了儿童的能力。由此可见，在繁杂而忙乱的日常教育教学中，教师是否能静下心来，用心倾听、用心发现，便显得尤为可贵。而"用心"的关键就在于要从内心深处尊重幼儿，教师一定要"蹲下或坐下"，和幼儿保持同一水平高度，放下教师的架子，从幼儿的视角出发，去理解他们的所思所想、所作所为，发展幼儿的创造力。

## 葱兰复活了

**江苏省无锡市新吴区新安中心幼儿园　李飒**

"老师，昕昕又搞破坏啦！"

"老师，昕昕拔兰草了。"

"老师说不可以采的，昕昕不乖。"

……

离园时间，幼儿们排着队走在户外的小路上，告状声不断。

路边是一个小花坛，里面种满了葱兰，其中有几株葱兰耷拉着脑袋倒在了泥土上。眼尖的昕昕一下子发现了葱兰的秘密，瞅老师没留意他，动作迅速地将一株葱兰拔掉塞进了小口袋里，脸上还露出了得意的笑容。

其他幼儿看在眼里，于是纷纷打起了小报告。

在幼儿们一声声的责怪中，昕昕满不在乎，并且嘴里嘀咕着："小草已经死掉了。"

我听到后，问大家："小朋友们，这花坛里种的是草吗？"

"不是，这不是草，是葱兰。"

"对，它只是长得像草，但不是草，再过一段时间，它会开出白色的小花，很漂亮的。"

"它是阿姨们辛辛苦苦种下去的，我们要爱护它。"

幼儿们纷纷表达着自己的意见和对昕昕拔葱兰的不满。

我对昕昕说："昕昕，老师和你一起将葱兰种起来，好吗？"

昕昕却低着头，手紧紧地捂着放葱兰的口袋，怎么也不依。

眼看着家长们都在门口等着我们，昕昕的妈妈也在队伍中等待着昕昕，我选择先放学，然后和昕昕妈妈鼓励昕昕一起种葱兰。

等其他小朋友都接走之后，我向昕昕妈妈说了事情的缘由，希望昕昕妈妈能够劝导昕昕将拔掉的葱兰种回原来的小花坛。

昕昕妈妈非常配合我的工作，给昕昕讲道理："宝贝，你采的这一株葱兰如果带回家会很孤单，葱兰和昕昕一样，喜欢和小伙伴在一起，再说地里的葱兰看着你采的这一株葱兰离开也会很伤心，我们让它回到它的小伙伴中去，好不好？"

可昕昕嘟着小嘴巴依然不愿意。

昕昕妈妈又说："如果你很喜欢幼儿园的葱兰，这周末我们去花卉市场买一盆和幼儿园一样的葱兰放在家里，好吗？"

昕昕大声说："这棵小草死掉了，种在这里又不会活，我要把它带回家。"

我补充说："葱兰不是真的死掉了，是因为白天太阳太强了，导致它有些无精打采，葱兰的生命力很强，只要有足够的阳光和水分，现在将它种回花坛里，葱兰还会活过来的。"

听了我的话，昕昕疑惑地问："真的吗？"

"就让我们一起试一试吧，好吗？"我说。

最后，昕昕终于将葱兰种回了花坛里，并且在以后的日子里经常去看它，给它浇水，还给小伙伴们介绍他从妈妈那里听到的关于葱兰的知识。

昕昕是一个活泼好动的小男孩，他特别喜欢观察周围世界中的花草树木、小动物和昆虫们。一次家访，听昕昕妈妈说，昕昕从小一直由外公外婆带着，外婆家在乡下，外公经常带昕昕去田地里玩。有时，外公拔草、锄地，小昕昕也会"猴子学样"地做，因对田地的农作物不懂，有时还会把地里的菜和草乱拔一通，但这样的无意破坏毕竟是少量的，再加上外公特别疼爱昕昕，只觉得幼儿玩得开心就没有进行教育，所以昕昕就养成了喜欢拔长在地上的植物的习惯。

我和昕昕妈妈沟通，幼儿现在慢慢长大，喜欢拔地上的植物是一种不好的习惯，以后当幼儿有这方面行为时，要及时讲道理并制止。

后来我又发现昕昕在草坪上拔草，于是我灵机一动，组织幼儿们进行谈话活动"小草也有泪"，告诉他们：每一种植物都是有生命的，每一种生命都有自己的生活环境，比如，鱼儿喜欢在水里游，鸟儿喜欢在天上飞，蜜蜂喜欢在花丛中，就像小朋友喜欢在妈妈、老师给予的爱中成长……如果我们拔了地上生长的花草，花草失去了自己生长的环境——土地，它就会死去。你们希望这些美丽的花草死去吗？

听了我说的这番话，昕昕看上去很难过，其他幼儿也无声地低着头。

许多天过去了，有一天，饭后散步时，昕昕突然兴奋地叫了起来："老师，葱兰复活啦，看！它开花了。"

顺着昕昕手指的方向，我看到那棵复活的葱兰正迎着阳光绽放着白色的小花。

那一瞬间，我感受到了幼儿们发自内心的欢欣。

同时，我也发现了自己的冷漠。

当我们走过大自然时，面对美景固然欢喜，但是有时却缺乏一双发现的眼睛，而幼儿是那么心细入微，他们好奇探究的心理，让他们发现了我们成人容易忽略的事物。

如果我们多一分耐心，多一点倾听，多一分包容，多一分智慧，那就可以将"坏事"转为"好事"。

## 点评

《纲要》提出："要以关怀、接纳、尊重的态度与幼儿交往。耐心倾听，努力理解幼儿的想法与感受，支持、鼓励幼儿大胆探索与表达。"的确，幼儿是不同的个体，具有不同的气质类型，教育幼儿需要教师用智慧和爱心去发现幼儿的不同和闪光点，因材施教。我们在教育中要学会相信幼儿，给幼儿成长的空间和时间，让幼儿认识爱、感受爱、学会爱，引领幼儿走好成长的每一步！

有人说："幼儿成长中的错误是美丽的。"在成长中，幼儿经常会因为好奇而犯"错"，面对幼儿的"错"，我们更应该有一颗宽容的心，用淡定本真的心态看待幼儿的"错误"，学会换位思考，用爱去引发幼儿的共鸣，让幼儿自己改正错误。

## 会隐身的鱼

**河南省濮阳市实验幼儿园　梁丽菁**

幼儿园学期初的教学研讨活动中,当讨论到幼儿数学活动"分分比比"的时候,教师们普遍反映开展这节活动的难度很大。

有的教师说:"别说是幼儿园的孩子了,有的低年级小学生学习大于号和小于号时,都比较困难!"

教研结束后,我们回到了各自的班里,整理这次研讨成果,制订针对性较强的教学计划。

整理着整理着,我也犯了难,怎么才能上好这节活动呢?

通过查询资料和询问一些有经验的老教师,我决定把7的分解和大于号、小于号的学习分成两部分来进行。

7的分解开展得比较顺利,可是大于号、小于号的学习有些困难。

究竟如何开展,幼儿才能更好地接受呢?

苦思冥想中我想到了与区域相结合,利用在区域活动中设置一些作业单,让幼儿多练习一下。可是每次需要花费大量的时间教给幼儿大于号和小于号,效果仍然不好,而且没有精力关注幼儿的差异性。

有一次户外自由游戏时间,幼儿们玩"大鱼吃小鱼"的游戏,听着幼儿们喊着口号,很像大于、小于的谐音,于是我眼前一亮!抓住这一点,思如泉涌,源源不断。

区域活动前,我用十分钟提前准备了大鱼和小鱼的图片,然后给幼儿

们讲述关于大鱼和小鱼的故事：

在大海里，有两条会隐身的鱼，可是它们的身上只有一个地方不能隐身，就是它们的嘴巴。它们是两条聪明的鱼，只要给它们两组物品，它们就会朝着物品多的地方张嘴巴。但是大鱼和小鱼又商议协定不能朝同一方向张嘴。

幼儿们从来没有听过这个故事，都睁大了眼睛，认真地聆听着。

趁机，我给幼儿们出示了两组海里的生物——珍珠贝，前面一组是6个，后面一组是5个。

我拿出了大鱼的图片问幼儿们："你们猜猜，它会游向哪里？"

幼儿们争抢着回答："老师，它会游向6个珍珠贝"。

我发现幼儿们在我潜移默化的指导下，已经有了比一比的意识了。

我让莞莞上前，把大鱼放在了两组珍珠贝的中间，莞莞一次就把大鱼嘴巴朝向的位置放对了。

我心里有些惊喜也有些惊叹，这个方法很有效，我只是讲了一个故事，并把要求告诉了幼儿们，在我没有为他们演示的情况下，他们就把这道题做对了。

接下来，为了增加神秘性，我对幼儿们说："你们看，这条鱼要隐身了。"说着，我就把大鱼身体的部分遮住了，只剩下了大鱼的嘴巴！

"哇，隐身了。"有个别幼儿很配合地说道。

我指着没有隐去的大鱼嘴巴问："这是什么？"

"大鱼的嘴巴。"

我趁机拿出">"教具，再问幼儿："这个跟大鱼的嘴巴像吗？"

幼儿们果真认真观察起来，有的说像，有的说有点像。

于是，我又出示了一道题：6个泡泡和7个泡泡，前面的泡泡比后面的泡泡多还是少呢？

"前面泡泡少。"

"那这次是小鱼游过来还是大鱼游过来呢？"

亮亮抢答说："小鱼。"

"你怎么知道呢？"我加深幼儿印象。

"因为故事里说大鱼和小鱼商量不能朝同一个方向张嘴。"

"对了，亮亮真聪明。"然后我又问其他幼儿，"那你们知道是因为什么吗？"

幼儿们纷纷点头。

我让言言来做这道题，他很快找出小鱼，并把小鱼对着7个泡泡的方向贴了上去。

我又把小鱼的身体遮了起来，只剩下小鱼的嘴巴，再出示"＜"教具与小鱼的嘴巴对比。

后面为了巩固幼儿对"＞"与"＜"的理解，我又举了两个例子，分别给不同程度的幼儿来做。

幼儿们越来越熟悉，基本不会出错。

最后，我又以鱼儿的口吻告诉幼儿们："小朋友们，以后你们做题时画出隐形鱼的嘴巴就可以了，因为画整条鱼太麻烦了！"

接下来，就是幼儿区域自由活动的时间了，幼儿们很快就把投入区域的作业单完成了。

一段时间以后，我发现幼儿又不喜欢来这里选区了，我把几位语言表

达能力强的幼儿叫过来问:"你们为什么不喜欢来这里玩呀?"

他们弱弱地说:"老师,我们做的题,很快都被别人给擦掉了。"说着还嘟起了小嘴巴。这件事情只能不了了之。

可是我发现,美工区却有许多小朋友去玩,我去看了一下,就有幼儿对我说:"老师,这是我做的小花,漂亮吗?"我点点头。

忽然,我想到了,原来谁都喜欢自己做的东西是能被看到的,最好能保存下来。

投放的材料经过我过塑以后虽然能重复做很多次,但是幼儿觉得没有新鲜感和成就感,自然就不想去玩了。

于是,我找家长复印了大量的作业单,并把这个消息告诉幼儿们,经过我多次改进的数学区,终于又恢复了往日的人气。

幼儿们不止在学习数学,也在创造故事。

### 点评

数学很枯燥,单纯的说教只会让幼儿反感。面对这个难题,文中教师以故事的形式为幼儿讲述了大鱼和小鱼的故事,幼儿不仅学会了填写">"与"<",还学会了">"与"<"的读法。这种根据幼儿的年龄特征,渗透自己的教学方法,运用拟人的手法很容易地解决了问题。区域活动是教学活动的延伸,我们发现问题,然后解决问题的过程就是我们自己提升自己的过程,也为幼儿们创设出适合他们的区域活动,让他们在宽松、愉悦的环境下获得新本领!

# 成成的蓝红色情结

*江苏省常州市武进区潘家幼儿园　倪海燕*

大班的成成是个文静的小男孩，性格内向，喜欢和教室里的小伙伴一起玩游戏。成成的语言表达能力发展得不是太好，平常能流畅地用话语表达自己，但在紧张或者情绪波动的时候说话就有点结巴。成成的家长一直担心由于说话有点结巴，别的小朋友可能会嘲笑成成。我也有意地在平时锻炼成成，但有时候只要一紧张成成就会结巴，这时候其他的幼儿就会哈哈大笑。尽管如此，成成在班级里仍然结交了许多朋友，也有自己固定的玩伴。

平常玩游戏，成成喜欢在建构区里，建构自己的世界并且经常让我欣赏搭建的作品，我会用"你搭得不错哦""你搭的大炮很棒""你的作品很有想象力"等言语来表扬他。有时候看见活动室的小超市没有收银员，成成就主动去超市帮忙收银。

最近，经常在美工区里看见成成的身影，他有时玩泥塑，有时一个人安静地画画。经过一段时间的观察，我发现他特别喜欢在美工区里画画，尽管旁边的小朋友邀请他玩别的游戏，他都摇摇头，然后又沉浸在自己的绘画世界里。看到成成认真的样子，我走到他身旁，好奇地问："成成，你在画什么呢？"

成成对我爱答不理的样子，随口说："我正在画我想的事情。"

他的画面上主要是红色和蓝色，于是我建议他："成成，老师喜欢五颜六色的画，你能不能用其他的颜色呢？"

可是他并不接受我的建议，摇摇头并且很坚决地说："我觉得蓝色和红色好看，我也最喜欢蓝色和红色。"

我继续说:"要不要老师画给你看看?"

谁知成成说:"那我不画了。"说着便跑到别的区角玩了。

看见成成拒绝我的介入,我也没有继续干涉,毕竟是大班的幼儿,那就给他充足的空间自由创作吧。

于是一段时间下来,我每天看见成成在美工区创作的身影,同样他的作品还是以蓝色、红色为主要的色调。

儿童心理学家说:"绘画是幼儿认识世界的方式,也是幼儿自我情感表达的工具。"瑞吉欧教育方式告诉我们:"绘画是幼儿的一百种语言之一,幼儿们的每幅画里都藏着一个幼儿想要诉说的故事。"成成每幅画都喜欢用蓝色和红色,是不是这种独特的色彩表达与运用也藏着故事?成成独特的色彩运用在大班幼儿身上是否具有普遍性?带着疑问我再次介入成成的画作:"成成,你画的是飞机吗?背景为什么是蓝色的?"

成成很自豪地解释说:"老师,这不是真的飞机,是玩具飞机,是送给小班的弟弟妹妹的,他们看到我送的飞机肯定不会哭了。"

我想起来了,在大班刚开学的时候,我让幼儿们去带小班的幼儿做过游戏,让大班的幼儿体会做大哥哥、大姐姐的自豪感,没想到成成竟然记在心里,还想出送礼物的办法。

"那你为什么不画五颜六色的飞机?我想弟弟妹妹会喜欢五彩的飞机。"

"可是我喜欢蓝红飞机啊,我想弟弟妹妹肯定也喜欢蓝红飞机的。"

看来成成依然坚持自己的观点。

于是,我又去观察另一幅画,但是有些看不懂,就问他:"能告诉我这幅画画的是什么吗?他们在做什么事情呢?"

成成说:"我上星期刚去吃喜酒,我阿姨结婚了,这是我画我结婚时候的样子。"

"那婚纱为什么是蓝色的？"

成成理所应当地回答："因为我喜欢蓝色啊！"

通过和成成的对话了解到，成成正处于"5~6 岁幼儿用绘画有目的、有意识地再现周围事物和表现自己经验的时期"，每一幅画都是成成对现实生活和经验的感受和再现。而成成在用色方面，一直都偏爱蓝色和红色，在成人看来色彩未免不丰富、不生动，但他却情有独钟，同时也乐此不疲。从幼儿的心理发展来看，在绘画过程中反复运用偏爱的色彩是一种有价值的实践活动，它能使幼儿感到自己能胜任，对绘画活动充满自信，从而获得成就感和满足感。从色彩角度分析，成成运用色彩进行画面的表现是否在其他的幼儿身上也发生过？是否有普遍的规律？这需要我们在其他幼儿身上得到验证。

有专家说："3~5 岁幼儿对颜色开始有自己的喜好，通常表现为喜欢纯度高、鲜艳明快的原色。"从成成的作品中不难发现蓝色、红色是成成最喜欢的颜色，但是为什么成成不尝试用其他的颜色呢？后期询问成成，成成说其他颜色不好看，不喜欢就是不喜欢。成成的少部分作品在表面上能给人视觉上带来冲击，而且会让人误解是色彩的表现力，但经过成成的自我解释后会发现是属于偏爱色一类。

后来我组织幼儿们开展主题绘画"我喜欢的动物"活动，大多数幼儿对如何用色彩表现"喜欢"，有这样的认识：

"喜欢的东西要画五颜六色的。"

"喜欢的东西要画粉色和红色，像太阳公公一样笑嘻嘻的。"

"我喜欢红色、蓝色、黄色，看，蓝色是小兔子的衣服。"

……

可以看出，幼儿们都有自己偏爱的颜色，尽管在作画之前我强调画面可以用各种颜色。

其中一只粉色的小鸭子吸引了我,我看了看问小作者:"露露,为什么是粉红色的鸭子呢?"

露露说:"我看到过姐姐也是这样画鸭子的,我觉得粉红色的鸭子可爱。"

我再去看琳琳的画,是一只身上长满花朵的小白兔,我忍不住问:"你画的是小白兔吗?为什么小白兔的身上长满了花呢?"

琳琳说:"我喜欢的小白兔就是这样的,我想画这样的小白兔。"

一系列的事实说明,大班幼儿的主观意识变强,能够坚持自己的想法,同时也反映出他们对周围事物有强烈的好奇心和探究兴趣,过多、过细、过于整齐划一的限制势必会阻碍创造力的发挥。

### 点评

作为教育者,在面对幼儿一直运用自己的偏爱色时,该如何促进幼儿更好地发展?对偏爱色的处理方式反映了幼儿的主观意志力,是大班幼儿主观想象的表现,这是他们生理、心理特点所决定的。但随着幼儿生活经验的逐步积累和去"自我中心"的逐步发展,对于偏爱色的选择会考虑到现实意义,从而注重色彩的表现力而不是自己的喜好。所以,我们要做的就是耐心等待,同时为幼儿创设一个宽松的氛围,鼓励幼儿大胆尝试各种色彩,通过玩一玩颜料、体验色彩带来的艺术享受和冲击,这样才能真正地促进幼儿可持续的发展。另外,教师要用欣赏与发展的眼光看待幼儿的作品,因为每幅作品都是幼儿独一无二的、认识世界的符号形式,了解并倾听幼儿艺术表现的想法或感受,领会并尊重幼儿的创造意图,让幼儿感受到自己的独特性,体验主动性发展带来的快乐。

## 午间悄悄话

**江苏省常州市新北区安家中心幼儿园　钱卫娟**

午睡时间，西北角落里又传来了悄悄话的声音，最近几天这个角落里的悄悄话特别多。我随口问了一句："谁在讲话呢？赶紧睡觉哦。"伴随着我的提示，讲话声戛然而止。但是几分钟过后，讲话声又传来了。

我悄悄地蹲下身子观看，只见阳阳正欠着身子与旁边的城城说着什么，随后又转过头去跟过道另一边床上的霖霖说话，他们边说边用手比画，时不时还用手指指上铺。我以为是上铺的幼儿影响了他们睡觉，就走过去准备提醒一下上铺幼儿，但是发现两边上铺的幼儿都睡得很香。

看到我走过来，说悄悄话的几名幼儿假装睡着，我走了一圈没有干扰他们。

就这样安静了几分钟，角落里又传来了说话声，我顺着声音看过去，还是他们几个！

这次阳阳和城城一边讲话一边挥舞着双手，他们身体的扭动带动着床也吱嘎吱嘎地发出了响声，响声虽然不大，但在非常安静的环境下显得很不和谐。

按照以往的惯例，我会走过去用眼神或动作制止他们讲话，并示意他们安心睡觉，但鉴于最近几天这个角落里总是发生这种情况，我思考一下，决定先了解一下情况，也好为教育他们准备话题。

我再次走过去，首先蹲下身子示意他们安静，然后小声问他们："看

你们讨论得这么热闹，老师也想参与，待会儿起床后把你们的悄悄话跟我讲讲，好吗？"

见我没有批评他们，而且还想"参与"他们的话题，几个人都欣然答应。

起床后，参与讲话的几个人主动来找我，毫无做错事的感觉，并且很开心地跟我分享他们的悄悄话。

阳阳最活跃，她抢着说："老师，睡觉的时候太热了，电风扇都吹不到我，我就问问城城和霖霖热不热。"

霖霖和城城争先恐后地说："老师，我们也很热。"

城城还自豪地补充："我想到用手扇风，手能扇出风哦。"

他们的话提醒了我，这几天天气非常热，上铺的幼儿尚有风扇可以凉快，再加上空调的风也是因为怕幼儿们着凉而朝上吹，睡在下铺的幼儿，尤其是西北角落里下铺的幼儿确实会感觉很热。

对于他们午间反复不断的悄悄话，我还是心存疑虑，顺口多问了一句："你们午睡时讲的就是这个？"

他们异口同声地回答是。

这时候轩轩也凑过来说："我听到他们在说热，我也觉得很热，但是我没敢说。"

原来他们的悄悄话真的是因为这个！

于是，我在全班进行了现场调查，了解睡在上下铺的幼儿各自的心里想法，谁知此事竟让幼儿们炸开了锅。

睡在下铺的幼儿说：

轩轩：我很想睡到上铺去，上面地方好大啊，我很羡慕。

文文：老师觉得我太胖了，爬不动，其实我力气很大的，也想睡上铺。

扬扬：奶奶怕我爬到上面睡觉不安全，硬要帮我选了下铺，其实我这么高不是问题的，摔不着的。

磊磊：以前我会担心上铺的床会倒下来，不敢睡，现在我知道不会倒，很想睡上铺。

……

睡在上铺的幼儿说：

源源：我每天都要爬到上铺来，刚开始很好玩，但是现在我很想睡在下铺试试。

艺艺：我觉得下铺的床就像小房子，睡在里面一定很安全。

培培：我愿意跟下铺的小朋友换床睡。

小宇：我睡上铺太久了，也想睡在下铺体验一下（体验这个词说得真好）。

……

听着幼儿们的心里话，我意识到了自己工作的呆板。

《指南》中明确指出要尊重幼儿，我们应该聆听来自幼儿们的不同声音，了解他们的真实想法。

于是，我答应了幼儿们换铺的建议。

为了公平起见，我没有直接指定交换的方法和对象，而是适时地征询幼儿们怎样来换，谁跟谁换。

通过讨论，我和幼儿们达成一致要求：安全交换，和谐交换，自由交换。

也有热心的幼儿提出，尿床的幼儿午睡时小便次数很多，睡上铺很不方便，建议睡在下铺。

换床位事件完成后，幼儿们欢呼雀跃，在接下来吃点心的速度和顺利

的程度也是出乎意料得快!

这时我有些庆幸,幸亏当时没有严厉制止幼儿之间的"悄悄话",不然解决不了问题,还得每天去管制他们的悄悄话,教师会很累,还会影响其他幼儿。

不管什么事情,教师都要用心去看,耐心去听,冷静对待,正确处理,这样才能轻松走进幼儿的心间,既了解了幼儿的需求,又促进了师幼关系的融洽。

**点评**

> 面对幼儿的悄悄话,是一味制止还是愿意倾听?看似简单,却又是一门学问,对于有心的教师来说,不失为一个教育契机。文中的教师能抓住这个契机,没有粗暴地制止,而是巧妙地维护了幼儿的面子,既了解了幼儿的想法,又解决了实际问题。从午睡悄悄话引发的换床事件,折射出了一个现象——教师的儿童立场。《指南》关注的就是儿童立场,以儿童为主题的口号不是一天两天的事情,如何实现,如何达到《指南》要求,就要看教师工作是否有心。

# "听"鸡蛋

### 重庆市沙坪坝区新桥医院幼儿园　沈光兰

开学第一天,我班一个叫浩浩的男孩哭得惊天动地。

他站在活动室门边,任凭我怎么安慰也不停止哭泣,只一个劲儿地叫喊着他的妈妈。

这学期我在小班,由于换了老师,班里有几个幼儿哭闹倒也不奇怪。但当我看见钢琴上有一颗鸡蛋后(这颗鸡蛋是我早上还没来得及吃的早餐),心里便有了一个"主意"。

早餐后,幼儿们情绪基本稳定,开始了自由活动。

浩浩一个人坐在椅子上,无聊地摆弄着一个动物玩具。我拿上鸡蛋,轻轻坐到他旁边。

浩浩显然对鸡蛋很感兴趣,侧头问我:"老师,这是什么?"

"哦,这是今天早上我在路边捡到的鸡蛋,不知道是哪只鸡妈妈把这颗鸡蛋弄丢了,我担心……"我故意露出焦虑的神情。

浩浩听了我的话,张大了嘴巴。

旁边陆续围拢过来几名幼儿,也纷纷露出惊讶的眼神。这些小傻瓜,还不知道自己已经上套了。

于是,我顺势问大家:"你们看见鸡妈妈了没有?我好找出是哪只鸡妈妈丢的蛋。"

恩恩说:"我没有看见母鸡妈妈。"

琳琳说:"幼儿园里根本就没有鸡妈妈。"

幼儿们认真地回答着。

我没有着急，接着问："那你们有没有在其他地方看到鸡妈妈呢？"

浩浩眼里突然有了光芒，兴奋地说："我们家楼下有一只鸡妈妈！"

"太好了，那晚上你回去帮我问问鸡妈妈，问它是不是丢了一颗鸡蛋，好吗？"

浩浩认真地点了点头，欣然接受了这个任务。

在接下来的这一天时间中，浩浩情绪好了很多。

第二天入园时，浩浩也哭了，但显然没有昨天厉害。

为了让他转移注意力，我又拿上鸡蛋，其实昨天那颗鸡蛋已被我悄悄吃掉，这是另外一颗。但天真的幼儿们不可能发现，更不会怀疑我"狸猫换太子"。

"有谁去问了鸡妈妈，这是谁丢的鸡蛋？"我提问的时候，特意向浩浩投去了求助的眼神。

他听了我的话，停止了哭泣。

"浩浩，你去问了楼下的鸡妈妈没有？"

浩浩小声说："鸡妈妈没出现，我就没有看见。"

"哦，太遗憾了，不过没关系，你先去洗手，我们吃完早餐再说。"

可浩浩一动不动，嘴角一撇："我要妈妈。"

我灵机一动，赶紧说："你知道吗？这颗鸡蛋里有一只小鸡，它也很想妈妈，它还想和小朋友们说话呢。你先去洗手，待会儿我们来听听小鸡想说什么。"

听了我的话，浩浩停止了哭泣，疑惑地看了看鸡蛋，然后站起来向盥洗间走去。

洗完手，我带领幼儿朗诵了童谣《小小鸡蛋把门开》，让幼儿们了解

小鸡是从鸡蛋里出来的。

接着，我拿起鸡蛋，神秘地对幼儿们说："这颗鸡蛋里也有一只可爱的小鸡，在小鸡出壳之前，可想妈妈了，你们愿意听它说话，和它做朋友吗？"

"愿意！"幼儿们齐声回答。

我把鸡蛋靠近自己的耳朵边，装作认真倾听的样子，然后笑着对幼儿们说："小鸡说谁吃早餐吃得好，它就跟谁说话。"

听了我的话，幼儿们都大口地吃起了馒头、喝起了牛奶，但同时又忍不住看看我手里的鸡蛋，都想先听鸡蛋里的小鸡说话。

我故作小心地拿上鸡蛋，把它凑到一名幼儿耳边，停留一会儿。

"你听到小鸡说什么了吗？"我问。

这名幼儿摇摇头，小声说："小鸡没有说话。"

"可能是小鸡的声音太小了，我再请一个小朋友听听。"我把鸡蛋靠近了浩浩的耳朵，"浩浩，你来听听小鸡说什么。"

浩浩认真地听了一会儿，挠挠头，傻笑了一下，说："小鸡对我说'你好'。"

"嗯，这真是一只有礼貌的小鸡。"我说。

接着，全班每个幼儿都认真地听了鸡蛋，但听的结果却不一样。

很有意思的是，来园时情绪不太好的幼儿，都"听见"了小鸡说的话：

"它说'你快大口吃馒头吧'！"

"小鸡说'我要找妈妈'。"

"小鸡说'我想出来玩'。"

……

而入园情绪较好的幼儿，则"听不见"小鸡说话：

"没有声音。"

"小鸡睡着了，它没有说话。"

"我听不见。"

……

接着，我收起了鸡蛋："现在我要把鸡蛋收起来了，没有鸡妈妈，我要把它带回家孵出小鸡。"

幼儿们深信不疑地看着我把鸡蛋收起来。

之后，我隔三差五地拿着鸡蛋"说事儿"，经常让幼儿"听"鸡蛋、跟鸡蛋里的小鸡说话。

渐渐地，幼儿的入园情绪没有了，幼儿们在幼儿园、在家里经常谈论的话题就是鸡蛋和小鸡。

三周过后，我从市场上买回一只小鸡，还兴奋地对幼儿们说："看，小鸡孵出来了，快跟它打个招呼吧！"

幼儿们高兴得不得了，争先恐后地摸摸小鸡，还给小鸡起了名字……

趁机，关于小鸡的系列主题活动在我们班欢天喜地地开展了起来。

**点评**

> 浩浩是班里入园焦虑最严重的幼儿，但他也是一个具有同理心和能移情的幼儿。所以，浩浩相信鸡蛋里有小鸡，相信小鸡会说话。在"听鸡蛋"过程中，浩浩逐渐走出入园焦虑的阴霾，融入到集体活动中。同时，教师也关注到班里的其他幼儿，让"听鸡蛋"的活动在班里生根、发芽、开花，一颗小小的鸡蛋，在缓解入园焦虑的过程中发挥了神奇的作用，教师巧妙地激发了幼儿对鸡蛋的好奇心，从而转移了幼儿对亲人的依恋。最后，小鸡"出壳"，教师善意的谎言，让"听鸡蛋"的活动得到延续、提升，给幼儿们的生活增添了色彩。

# 坦克大战

### 安徽省蚌埠市装甲兵学院幼儿园　王京丽

一天，强强将6个摩托车轮胎平放一排，用汽车轮胎当作坦克，在平铺的轮胎上推滚，嘴里说道"坦克过轮胎桥喽"。

晨晨也学着强强将轮胎当作坦克，将小轮胎当作炮弹，放在轮胎圈里，他坐在里面，对强强说："看，我的坦克超级厉害，能发射炮弹，炸毁坦克。"说着，滚动小轮胎，将一颗颗炮弹发射出去。

大胜听到同伴的对话，也参与了进来，他把轮胎竖起后进行旋转，对强强说："别怕，我的坦克上有雷达，能探测到炮弹的发射，让炮弹打不着坦克。"

幼儿们一边说着，一边增加着坦克的功能。

区域分享时，教师请走跑区的幼儿介绍自己是怎么用轮胎玩的坦克游戏，三名幼儿滔滔不绝地讲述着自己坦克的各种功能。

连续几天，走跑区的幼儿们都热衷于用轮胎玩坦克游戏，每天游戏结束后都迫不及待地想要将自己创造的坦克游戏新玩法分享给其他同伴。

于是，教师将幼儿利用轮胎玩坦克游戏的各种玩法用视频的方式纪录下来，播放给全班幼儿看，支持幼儿们更多的想象与创造。

第二天，大禹、小明从平衡区拿来了好几筐报纸球，摆放到走跑区。

教师指着报纸球问："这是准备玩什么游戏呀？"

"我们要建一个坦克场，玩坦克战斗的游戏。"大禹说。

接下来，有的幼儿将报纸球放在坦克里拖着从坦克场出发，在走跑区

两端相互投掷报纸球，炸对方的坦克；有的幼儿将坦克对撞，嘴里不停地发出爆炸声和坦克的轰鸣声，玩得不亦乐乎。

游戏结束分享时，教师请走跑区的幼儿介绍自己的游戏活动，大禹、小明等几名幼儿兴高采烈地讲述在坦克场里的战斗故事。

通过一段时间的观察，教师发现大班幼儿用轮胎玩坦克游戏的兴趣点，已经不仅仅满足于现在的一些玩法，而是需要借助一些辅助材料，创造更多的、激烈的情境和情节，将坦克游戏内容进行丰富。同时，从一个人玩游戏发展到几个人合作玩游戏。

但令教师困惑的是，幼儿将投掷区里投放的报纸球拿到了走跑区进行相互投掷，这样违反区域运动游戏规则的活动，可以吗？幼儿能够从中得到哪些有价值的学习和发展？

带着困惑，教师继续观察幼儿的游戏。

一次分享时，幼儿们提出了问题：

"坦克到底是怎么战斗的？"

"只有一种坦克吗？"

……

这些问题引起了走跑区里幼儿的思考。他们都将疑问投向了教师："老师，我们国家都有哪些坦克？坦克里都有什么呀？"

为了满足幼儿对坦克装备的兴趣以及使坦克战斗游戏更真实、更丰富，教师为幼儿们准备了丰富的视频，在播放视频的基础上加上语言描述，使幼儿了解坦克在战斗中的作用和威力。比如：有的坦克除了在陆地上行驶，也能在大海中行驶，叫两栖作战坦克；有的坦克带有先进的红外线传导仪，可以在夜间作战；有的坦克是在战斗中专门运送兵员的装甲坦克步兵车；有的

是专门运送物资、武器弹药的装甲坦克运输车等坦克知识。另外，又耐心地给幼儿讲了一些利用坦克打败敌人保卫祖国的故事，幼儿听得很认真，对坦克的喜爱溢于言表，回家后还和爸爸一起在网上收集了一些坦克图片，带到幼儿园贴在展示墙上，与同伴分享，从而进一步激发了幼儿玩坦克战斗游戏的兴趣。

过了几天，幼儿延续着对坦克游戏的兴趣。

"老师，我们能把平衡区的竹梯和平衡木拿来吗？我们想用来搭桥。"

"我们还想要垫子做山坡。"

"老师，你能帮我们在轮胎上拴上绳子吗？我们要做装甲坦克运输车。"

看着幼儿对游戏情节、情境的不断完善和丰富，教师进一步和幼儿讨论："你们搭好坦克战场想好怎么玩战斗游戏了吗？"

有幼儿说："我们分成两队，搭两个坦克场。"

还有幼儿说："我们先要把坦克开过小桥、山坡，两个坦克对撞，先倒下的算失败。"

幼儿经过对游戏的讨论后，为了游戏的公平合理，每队用不同的材料只能设置三个障碍。

一组开始用竹梯和轮胎组合搭建竹梯桥；另一组用平衡木组合搭建木桥；他们还将自行车轮胎固定在单杠上，做成山洞；还有用小树做树林，要坦克穿过树林；等等。幼儿在自己搭设的坦克战斗情境中玩得非常开心。

随着游戏情节情景的不断丰富，幼儿对游戏的对抗性、激烈性又有了更高的需求。他们结合自己已获得的坦克战斗知识，不断将游戏细化和深化。

他们商量双方要先用装甲坦克运输车运送炮弹（轮胎平放地上，装上

报纸球，用绳子拉着轮胎跑），然后用炮弹攻击开过来的坦克（幼儿站在轮胎里抬着过障碍，躲避投过来的报纸球）。

只是，幼儿随着游戏的对抗性提高，游戏中为了避免碰撞，都有意识地放慢了速度，无形中造成了游戏趣味性的降低。

一天，走跑区的幼儿来与教师商量："老师，我们这里太挤了，坦克战场摆不下了，我们能不能和其他班的投掷区、平衡区的小朋友一起玩坦克战斗游戏呢？"

幼儿的提议得到了教师的认可和赞许。

于是，我们与别的班级的教师和小朋友商量，将坦克战场扩大到平衡区和投掷区，让幼儿拥有更宽阔的游戏空间。

有了宽阔的游戏空间，幼儿开始商量将原来双方商定的三个障碍增加到四个，还将原来的障碍距离进行了延长。

"我要建一个坦克基地，把我们的坦克都放在这里。"

"我们在山坡后面建一个弹药库，不让敌人攻入我们的防线。"

"我们在树林里设置地雷，让坦克必须绕开地雷，敌人就会把坦克开得慢下来了。"

"我还要建一个坦克维修站，如果坦克被炮弹击中了，要到维修站修理。"

"我们分成蓝军和红军，用坦克进攻对方的阵地，看谁最快。"

……

幼儿们在下午的建构区角游戏中，还用积木进行了沙盘构建，大家将各自的想法集中起来，在教师的帮助下，共同设计了较为完整的命名为"坦克大战"的游戏。

又一天，幼儿们迫不及待地来到之前的开放区域中，争先恐后地开始建设战场，他们都集中在一起搭建障碍，忽略了分工，造成了使用材料搭建障碍不统一，还发生了争执。

于是，幼儿们自发组织推选出一名指挥官，让指挥官分工。

**点评**

> 　　从一个人玩坦克游戏，到大家共同建设坦克战场再玩紧张激烈的竞争游戏，形成了一个情境、情节丰富的"坦克大战"游戏。正是在这个过程中，幼儿的运动能力、运动智能都得到了锻炼和提高。他们在争执、疑惑中学会了与同伴分享和借助他人的经验，学会了如何与同伴商讨并共同解决问题。同时，也学会了如何在活动中更好地分工、合作，制定游戏规则和执行游戏计划。幼儿在游戏活动中，真正成了学习的主人，学习了如何将自己的想法付诸游戏活动中，一步步将游戏创造得更成熟和有趣。因此，教师一定要学会放手，学做一个"懒老师"，做一个观察者、引导者，让幼儿在游戏中创造奇迹。

# 规则 VS 人情

江苏省淮安市清河区机关幼儿园　张莉

又到大班幼儿玩角色游戏的时间了,在组织教师充满童趣的语言引领下,幼儿们都根据自己的意愿自主选择了游戏区域,沉浸在自己的游戏世界。而我,也一如既往地带着期待,走到幼儿中间,细细品味幼儿们的游戏行为,感受幼儿们的天真、纯洁与灵动。

经过一段时间的尝试,幼儿的角色游戏水平已经相对成熟,看到幼儿们一个个情绪饱满,乐此不疲,我也忍不住想要加入他们的游戏。

正当我寻找目标时,一声声响亮的"拍照片优惠啦,大家快来看一看"的招呼声把我引到了"漂亮宝贝"照相馆。

"店长"昊昊正在卖力地吆喝着吸引顾客,"摄影师"晨晨坐在"摄影棚"前等待顾客前来"照相"(根据顾客的外貌特征现场进行画像)。

见他们没什么"生意",我上前和"店长"昊昊搭讪:"拍一张照片多少钱?"

"原来3块钱一张,今天有优惠,2块钱一张。"昊昊连忙热情地介绍。

我说:"我没有钱,能不能给我免费拍一张?"

我话音刚落,"店长"昊昊把头摇得跟拨浪鼓似的:"不行不行,我们已经优惠了,不能免费,你要想拍,就先到别的区域'赚钱',等有钱了再来。"

本来只是试探一下,没想到他们这么严肃,我突然就想逗逗昊昊,看他是不是能一直坚持原则。

于是，我使出浑身解数，用尽各种办法想要让昊昊答应给我免费拍张照片，谁知昊昊"一根筋"，非咬着"这是我们的规定"，"打死"也不给我"面子"。

边上的"摄影师"晨晨看我低声下气地求昊昊，连忙为我求情，对昊昊说："她是张老师，你就让她拍一张吧。"

谁知昊昊把头一扭，哼哼着说："我管她是谁，没有钱就是不能照相！"

至此，我的阴谋诡计终于土崩瓦解……

在游戏结束的评价环节，我请幼儿们分享游戏中的"精彩瞬间"，不出所料，昊昊果然把这件事情作为问题给提了出来，并且请其他幼儿"评评理"。我顺势将话题抛给幼儿们："你们觉得昊昊该不该给老师拍照？"

幼儿们一时炸了锅：

"游戏是小朋友玩的，老师可以免费参加。"

"老师也要遵守游戏规则，不能照。"

"可以设计一种免费体验券，给第一次参加游戏的人使用，这样老师就可以免费参加了。"

……

总之，众说纷纭。

我们一时难以定夺，只得说："那我们回家后和爸爸妈妈讨论一下，这个问题应该怎么解决。"

在后来的教研活动中，我把这件事情拿出来和其他老师分享，问老师们对此事的看法。

大家看法不一，有的老师认为昊昊不懂变通，死脑筋，还是晨晨脑子灵活；有的老师认为，昊昊做得对，游戏就该有游戏规则，如果大家都来求情，游戏规则等于虚设；还有老师认为，晨晨求情太世故；还有老师认为把问题抛给家长没有错，但是要给幼儿一个交代，不能不了了之……

大家各持己见，争得面红耳赤，到最后也没有个定论。

且不论游戏中昊昊的做法是对是错，我认为有一个问题值得我们思考：我们到底希望幼儿在游戏中获得什么？

我们常说"游戏要贴近幼儿的生活，角色游戏的目的是让幼儿在游戏中能正确反映角色的社会职责"，那么，在照相馆游戏中，幼儿是否该"铁面无私"，只认钱不认人？

如果是，是否会在幼儿心里埋下"冷漠"的种子，将来他进入社会以后能否很好地扮演自己的社会角色？

如果不是，是否会在幼儿幼小的心灵中种下"规则可以没有，人情世故是要讲的"这样一种不健康的处世之道，在幼儿的漫漫人生中，这种负面的人生观会对幼儿产生什么样的影响？

其实，游戏中幼儿坚持原则没有错，那个帮忙求情的幼儿也没有错，游戏之于幼儿来说终归是游戏，虽说"大社会，小游戏"，但游戏离真实的社会还有一段相对遥远的距离，如果真的把游戏当作一个浓缩的小社会，那么，幼儿们不是在"玩游戏"，而是在"生活"了。

我们的游戏目的不仅仅是"让幼儿在游戏中能正确反映角色的社会职责"，它更要求幼儿们"创造性的表现"及"解决一些游戏中出现的问题"，再者，我认为游戏规则也不是一成不变的，它应根据游戏的不断深入做适当的调整。

当然，这种调整不是无原则的调整，不能因为某些人的特殊身份而有

意去破坏游戏规则，这里的调整是指当幼儿已经走入死胡同，教师应该适时引导幼儿及时调整，否则就真的变成"死脑筋"了。

如果一味地坚持原则，虽然是"规则"战胜了"人情"，但这对于幼儿的心理发展并不能起到一个积极的作用。

这场"规则"与"人情"的对垒究竟孰输孰赢并不重要，重要的是不管我们如何判断，我们终究是从教师抑或是成人本位出发，我们并没有走进幼儿的内心，没有了解幼儿的心里在想些什么。

**点评**

> 对幼儿来说，既然制定了游戏规则，所有人都应该去遵守，就像昊昊说的"我管她是谁，没有钱就是不能照相"，幼儿的内心很纯净，"人情"对于他来说有点遥不可及。因此，这场"规则VS人情"大战也就不复存在，它只不过是我们成人杜撰出来的一种虚无的"矛盾"。归根结底，教师不管做什么事，一定要"以幼儿为本"，多从幼儿的角度去看待问题，让我们的心变得纯净，不用世俗的眼光去看待幼儿的游戏行为，也就不会"庸人自扰"了。

# 小帮厨学习记

浙江省宁波市第一幼儿园　张琼

临近午餐时分，幼儿们正在自由安静地进行餐前活动。不一会儿传来一个声音："成成！"这一个声音虽然不大却划破了这一份宁静。于是，我静静地进行观察：

"成成，你知道食堂吗？"保育员问。

"嗯，知道的！"成成回答。

"你到食堂向食堂阿姨要三个碗！"

"好的。"话还没说完，成成的身影已经消失在教室的走廊中。

保育员与我相视而笑，解释说："刚发现碗少了三个，这方面成成很棒！"

正在此时，三只碗已经被成成放在了餐桌上，然后一切如常，仿佛什么都不曾发生过一样。

事情虽小也很常见，但我的思绪开始慢慢流淌：在成人的世界里，传递物品是很常见的，更何况是几只碗呢？但回到孩童的世界，去食堂需要上下楼才能到达，这给幼儿即将完成的任务增加了难度，但是为什么成成可以完成呢？

首先，成成是个男孩，喜欢运动，爬楼梯不在话下，所以走远路和爬楼梯对他没有困难；其次，食堂是我们饭后散步的必经之地，他很熟悉；最后，成成语言表达能力较强，能和食堂叔叔、阿姨大胆交流，并且清楚

地表达自己的意思。的确,成成不但完成了任务,食堂的阿姨、叔叔们也很喜欢这个男孩,无形中他的自信也增添了一分。

食堂或者说厨房,这个场所我们一直很担心幼儿进入,对我们而言,这里充满着各种不安全。渐渐地,成人世界里多了不下厨的爸爸妈妈们,幼儿的世界多了只知道分辨美味却不知口中是何食物的幼儿。绿色的蚕豆,很多幼儿都不知道是什么食物,这些都让我有些担忧。

午餐时间,幼儿们这样与我对话:

"老师,今天我们吃的是什么呢?"

"绿色的是蚕豆,你们还记得之前吃过的黑色的带皮的豆吗?"

"对啊,那时候我还觉得那个皮不好吃呢。"

"那是黑色的蚕豆。"

"应该是加了酱油的蚕豆!"

幼儿们的回答让我困惑,不知道怎么解释才是最好的。带着这些疑问,我左思右想,幼儿园的"小鬼当家活动"引起了我的关注,尤其是其中的一个小角色"小帮厨"。帮厨,来自餐厅的帮厨,即帮助食堂的叔叔阿姨做些简单的事。听起来不错,可是究竟帮什么呢?怎么帮呢?谁去帮?什么时候帮?看来还有许多准备工作要做!

于是,我的蜗牛考察队行动开始了(幼儿们提前对厨房进行调查):

1.食堂里有什么?

2.食堂里的人们都做什么?

3.小朋友可以在食堂做什么?

4.请你具体说说能帮助食堂叔叔阿姨做的一件事。

问题一出,幼儿们询问身边的家长,很快大家都对厨房有了深入的了

解，细心认真的爸爸妈妈们甚至带着幼儿认识了不少厨房的用具，使得幼儿对一些危险用品有了认识，增加了自我保护的安全常识。

接下来就是究竟能做什么呢？

"厨房里可以煮菜，做好吃的。"

"厨房里奶奶要洗菜的。"（原来可以洗菜）

"厨房里看到妈妈打鸡蛋，然后煎鸡蛋。"

"我还看到有的菜要摘掉叶子。"

……

幼儿们的回答让我大开眼界，厨房里可以做这么多的事情，我们每天吃的食物更是需要叔叔阿姨们经过清洗、切菜、煮菜、盛菜，最后送到我们的班级。幼儿们渐渐听得入了迷，这时，小宝实在忍不住了，插话道："我妈妈做蛋糕就是这样的，一样样地做，要花很长时间才做好呢！"是啊，小宝的妈妈做的饼干可是大家都尝过的，这可是最具有说服力的，小家伙们早已经等不及了。

很快，当一名小帮厨成为幼儿们认为的非常光荣的事，但是考虑到这是一件最终要完全"放手"的尝试，担心和鼓励在心中渐渐竖起两面旗帜，两者都不能倒下。于是先从能干的幼儿开始：

食堂渐渐成了幼儿的热点话题。

看看明天谁会是幸运儿呢！

### 初次动手

幼儿们很兴奋，看来都已经做了一些准备。可是究竟做些什么呢？今天是周五，周五往往是吃粗粮（面条等）的时间，有面条少不了鸡蛋。这么

多班级的熟鸡蛋都要一个个去壳。

小宝兴奋地叫起来:"哇,这么多鸡蛋,我们做什么呢?"

"剥鸡蛋啊——"成成一边回答一边面露难色。

六六安慰大家说:"不用怕,先轻轻地把鸡蛋在桌子上敲一敲,然后就容易剥皮了。"

"是啊,外婆是这样给我剥的,都怪自己平时不动手剥,我不会!"成成皱着眉头。

"没关系,我帮你!"六六一边动手熟练地剥着皮,一边安慰成成。

三名幼儿一组做小帮厨。把小宝、六六、成成安排在一组是有原因的:成成是个大大咧咧的男孩,有号召力;六六细心、性情稳重、动手能力很强,至于小宝,在成成和六六的带动下很快有了剥鸡蛋的热情,三人一起合力为熟鸡蛋去壳。

剥完蛋壳,六六说:"成成,我们把蛋壳都装到垃圾桶里。"

"这个我会。"成成一边说着,一边动手开始捡起掉落的蛋壳屑。

"今天做得很好,谢谢你们!"食堂阿姨对三名幼儿的帮忙表示感谢。

"好的,阿姨再见!"三个好朋友找到拐角的楼梯回班级,我在后面跟着。

## 帮带合作

经过一段时间,能干的幼儿们已经基本掌握了食堂里要做的具体事情,回到教室便开始了他们的悄悄话:

"今天帮食堂阿姨做什么了?"

"我今天帮阿姨扫地。"

"不是吧，厨房里也要扫地啊？不是在教室里才要扫地的吗？"

"厨房也要的，阿姨有一些菜叶子掉在地上了，要弄干净的。"

幼儿们在对话中又有了一些了解，这让能力较弱的幼儿跃跃欲试，主动提出要去食堂做小帮厨。这一阶段为了让更多的幼儿参与其中，采用混搭的方式，让能力较强的幼儿带领能力较弱的幼儿一起去亲身体验。

今天的任务有点特殊，帮厨不是在厨房里帮忙，而是幼儿们在午餐前去各个班级询问有没有缺少的碗和勺子。参加任务的幼儿已经增加到5名左右，这给任务的完成增加了可能性。

"老师，我们班碗够吗？有没有需要帮助的呢？"笑笑问。

"没有啊！"

"那我去那边看看。"

笑笑在三楼遇到了中中，中中手里拿了两个碗，笑笑开心地跑过去说："我帮你拿，你继续回去做事吧。"

中中于是把碗给了笑笑，又返回食堂帮忙。

### 增加新内容

已经经过了两个阶段的尝试，幼儿们对食堂的熟悉程度随之提高，剥鸡蛋、打扫等技能的提高，原有的新鲜度慢慢降低，看来我们需要做些小小的调整。和食堂阿姨们商定：由原有的剥鸡蛋慢慢地开始剥毛豆。

幼儿们得到这个消息，纷纷开始了"小动作"，不少幼儿在家提前让家长教他们剥豆子。

小帮厨的角色在幼儿们的心中已经形成了，知道可以帮助食堂阿姨做事。幼儿们之间学会了合作，家里的厨房慢慢成了他们练习动手的"小战场"，妈妈们从原来的担心到慢慢地开始放手，从递送碗筷开始，到能够参与到剥豆、剥鸡蛋，这些都在这个角色中渐渐融入，渐渐动手，渐渐成长。

**点评**

> 厨房一直是家长担心和幼儿几乎没有机会进入的"重地"，家庭里的家务劳动更是被家长包办了，而文中的教师则通过让幼儿体验小帮厨角色，经历"陌生—好奇—欣喜—失落—收获—喜悦"的心理起伏，训练幼儿技巧的同时获得成功体验，培养了幼儿热爱劳动的品质。

# 其他

## 眼见未必是"实"

四川省广元市旺苍县嘉川镇中心小学校幼儿园　边翠英

"好雨知时节，当春乃发生。随风潜入夜，润物细无声。"幼儿们沉浸在国学音乐的美妙旋律中。此时此刻仿佛春雨正在飘落，轻轻地拂过了幼儿们的心田，浸润了教师们的心灵深处。不一会儿，幼儿们的早操活动在欢快的童声与舒缓的音乐中结束了。

踩着音乐的旋律，幼儿们有序地走进各班教室，开始洗手、洗脸，接着便是幼儿喝水的时间。由于最近园内的饮水机出了问题，幼儿喝的水都是从自己家带来的。看到幼儿们有秩序地去拿自己放在架子上的各种自备饮料，我便走进区角准备接下来的游戏活动材料。

突然，一个小朋友跑来报告我："老师，隽隽没有喝水，在那里哭，我们问他，他什么也不说，只是一个劲儿地哭着。他最听您的话，也许您能安慰他，您快去看看吧！"

我稍稍整理了一下区角材料，便跟着这个幼儿走到隽隽身边，掏出纸巾为隽隽擦干眼泪，问他为什么哭？隽隽一边啜泣着一边说："老师，我没

有水喝，我早上带的纯牛奶被人偷喝了，我在垃圾桶里找到了空奶盒。"

我先安慰隽隽不要哭，又递给他一盒奶，思考一分钟后，便开始调查。

究竟是谁喝了隽隽带的纯牛奶呢？

我举着空奶盒问大家："谁喝了隽隽带的奶呢？"

教室里顿时炸开了锅，幼儿们你一言我一语，纷纷说自己没有喝隽隽带的奶。

正在一筹莫展之际，我想是不是该想个办法来弄清楚事情的经过。

这时，恩恩扯了一下我的衣角，我便蹲下身来，恩恩趴在我的耳朵前轻声说："老师，好像冉冉喝的奶是那个牌子的。"

听到这，我似乎明白了点。

我走到冉冉身边问他："冉冉，你喝的是自己带的奶吗？"

冉冉红着脸低下头，小声说："不是。"

我觉得冉冉挺诚实，就把解决的权利交给两个幼儿。

于是，冉冉慢吞吞地走到隽隽身边，犹豫了一下，然后伸出小手握住隽隽的手。隽隽却主动先说："冉冉，我原谅你，因为我们是好朋友。"

听了隽隽的话，冉冉红着眼圈低声道歉："隽隽，对不起。"

看到冉冉的言行，我心里却很不是滋味儿，莫名地觉得是不是自己做错了什么，但因为忙着要开展接下来的区角活动，也就暂时把这一幕忘了。

我和冉冉的家在同一个小区，晚饭后散步遇到冉冉，他平时无论在哪儿，只要看到我都会开心地打招呼，可今天的冉冉看见我却耷拉着脸、嘟着嘴，一副不开心的样子。

我主动打招呼："冉冉，怎么不高兴啊？"

他沉默不语。

他奶奶在旁边赶紧说:"不知冉冉是不是今天在幼儿园与小朋友发生矛盾了,回家后一直不高兴,说不想上幼儿园了,问他为什么,他也不肯说给我听。"

听到这一切,我回想起了上午幼儿园发生的那一幕,我来到冉冉身边蹲下来拉着他的小手轻声问:"老师想和冉冉做好朋友,可以吗?"

冉冉沉默了一会儿,轻轻地点了点头。

"好朋友之间要互相帮助,你有什么不开心的事可以告诉老师,我可以帮助你哦。"

"老师,我今天不是故意要偷喝隽隽的奶,我带的奶不见了,我口渴,看见那盒奶没人喝,我就喝了。"冉冉委屈地说道。

"这样啊,那你当时为什么不给老师说清楚呢?"

"老师,你没有让我说呀!"

一下子我的心里像打翻了五味瓶。

我抱住冉冉:"对不起,这次是老师不好,老师以后一定会保护好你们的。"

回到家里,我细细琢磨今天发生的一切,隽隽的奶被冉冉喝了,那冉冉带的奶又到哪里去了呢?

事情说小不小,说大不大,但俗话说,幼儿教育无小事,良好品行的养成都是由小事开始的!

可是要怎样做才能既不伤害幼儿,又能让幼儿认识到自己的错误呢?想来想去,我决定借助家长的力量。

带着愧疚的心情我打开微信,在班级家幼微信群里发了一个亲子作

业：请家长和幼儿一起分享《大雪兔》的故事，并且要将分享后的感受单独发给我。

第二天，晨间接待结束后，便是每天"师幼咬耳朵"的环节，是属于教师和幼儿之间说悄悄话的时间。

游戏顺利地进行着，当我来到皓皓身边时，皓皓红着脸在我耳边小声说："老师，昨天是我喝了冉冉的奶，我想送奶给冉冉和隽隽。"

"真的吗？"我小声问。

"我想像《大雪兔》里的小兔子一样做个诚实的孩子，我不想没有好朋友。"

终于，真相大白。

原来是皓皓喝了冉冉的奶，这才导致冉冉因为口渴喝了隽隽的奶。

接着，我牵着皓皓的手告诉所有幼儿："皓皓有一个小秘密想和小朋友们分享，你们愿意听吗？"

幼儿们都好奇地睁大了眼睛说："愿意。"

皓皓从书包里拿出来两盒奶，我故意神秘地说："这两盒奶可不是普通的奶哦，它是被施了魔法的诚实爱心奶哦。"

皓皓把奶送给冉冉和隽隽，带着渴求的眼神说："我们做好朋友吧？"

冉冉和隽隽分别接过奶，开心地笑了。

## 点评

面对发生在幼儿园"喝奶风波"这一偶发小事件，教师最开始因为受"眼见为实"这一固有传统思维模式的影响，才造成了对冉冉的伤害。当时的低调处理，看似很成功，其实隐藏着败笔。因为生活中发生的每一个事件，背后的原因都是很复杂的。教师本着"小事"的原则，只针对表象，忘却了去探究表象后面的故事。但在事情处于胶着状态时，教师能及时有效地利用现代媒体技术，借助家庭教育，用故事蕴含的道理刺激幼儿内省，从而在圆满解决"喝奶风波"的同时，强化了幼儿的诚信品质教育。其实，理想的教育里，是没有小事的，教师只有摒弃"小事"的教育观念，做到小事不小，对幼儿多一份尊重，才能少一份伤害。

# 美丽的花

浙江省杭州市经济技术开发区江湾幼儿园　郎晓津

这一天一大早,教师们刚刚到幼儿园,就看见萱萱已经到了幼儿园,站在办公室门口。

她的手上拿着一捧鲜花,准备送给她最喜欢的吴老师。

吴老师欣喜地接过鲜花,看到这一束盛开的花朵鲜艳夺目,明显是在刚刚盛开的清晨被人特意摘下的,心里不住地喜欢和感动,觉得萱萱懂事乖巧。

值得一说的是,这束花被一大片绿叶包裹着,包裹的方式独特而不庸俗,吴老师很是喜欢。

萱萱对吴老师说:"这是我爷爷在我家后面的小花园里种的,这几天开得正好,我特意包了一束给你。"说完后还特意看了看四周,低声告诉吴老师说:"我只给你一个人包了。"

"谢谢你的花,很好看,还很香,谢谢你,萱萱!"吴老师开心地和萱萱道谢。

萱萱听了也很开心,一蹦一跳地跑回了教室。

吴老师心想,这么好看的花,应该给大家欣赏,留在自己座位上估计不到一天就衰败了,实在太可惜了。

于是吴老师走进教室,把花摆在了活动室前面的钢琴架上,认为钢琴架这么高,幼儿们碰不到它,还能够欣赏花,最合适不过。

不知不觉一个上午过去了,区域游戏结束休息时,教室里像往常一样

吵吵闹闹，幼儿们你追我赶，跑来跑去。

这时候，李老师走进办公室跟吴老师说："吴老师，你快去看看你们班萱萱，不知道怎么了这孩子哭了，还挺委屈的。"

吴老师赶快跑进活动室，果然看到萱萱在自己的座位上趴着，小身子一颤一颤的，看样子很是伤心。

"萱萱，怎么了？发生了什么事？"吴老师关心地问。

萱萱一直沉默，没有回答。

这时候聪聪跑过来，说："吴老师，你看！"

聪聪把吴老师拉到钢琴旁边，指了指地上散落的花瓣。

吴老师问聪聪："聪聪，你知道发生了什么事吗？"

"航航发现这里有花，要看，可是萱萱不让。"

见萱萱止住了哭泣，吴老师就问萱萱："萱萱，你为什么不让航航欣赏花呢？"

"花是送给吴老师的，只有吴老师一个人能看。"

吴老师听了，心里竟有点不是滋味。

后来经过了解，原来是在萱萱和航航争夺花的时候，航航一气之下把花摔在地上的，其他幼儿玩闹的时候没注意，在花上踩了几脚，花瓣就散了，萱萱见精心准备的花被这样对待就委屈地哭了。

吴老师找来航航，航航看到这么多人都围了过来，也并不清楚这花是萱萱特地一大早采摘包装送给吴老师的，害怕地哭了出来。

吴老师见状，散退了围观的小朋友，将航航和萱萱带到了活动室外面的走廊，然后语重心长地跟航航说："这些花是萱萱今早特地摘的，还专门用大绿叶包裹起来拿来幼儿园，你怎么忍心把花摔在地上呢？"

"是她不让我看，还抓我的胳膊。"航航哭着说。

"我是为了保护花。"

听到这里，吴老师说："美好的东西是需要共享的，好的东西应该拿出来和其他小朋友一起分享，老师就是因为这个才把花放在活动室想让大家一起欣赏，你们要呵护大家共同的花，既不能自己一个人占着花不让别人看，也不能把大家的花扔在地上破坏它。"

萱萱的心情稍微平复了，航航还在流眼泪，两人的眼睛都红红的，看起来都受了不少委屈。

吴老师跟航航说："航航，你别害怕，老师没有责怪你的意思，只是这花是萱萱非常珍爱的，这么美的东西老师放在活动室钢琴上就是为了让大家一起欣赏的。现在花瓣散了，萱萱很难过，大家也不能再欣赏到这么美的花了，非常可惜，大家肯定很遗憾。所以，老师只是想知道刚才在教室里发生了什么，现在事情搞明白了，我们都吸取教训，不要哭了好吗？"

航航点点头，然后转向萱萱，说："萱萱对不起，刚才是我不对，你别难过了，明天我让我妈妈再给你带来一束花，好不好？"

萱萱说："没事了，我不怪你了，你不需要给我带花，我家里有。"

等到航航回了活动室，吴老师跟萱萱说："萱萱，其实最应该跟你道歉的是老师。今早你给老师带来好看的花，老师很高兴，老师想让大家都能欣赏到这么好看的花，所以就自作主张地把花放在了活动室让大家一起欣赏，没想到会发生这样的事情，你送的花碎了一地，老师很抱歉，是我大意了，是我没有征求你的同意就把花放在了公共的位置。"

萱萱听到吴老师跟自己解释、道歉，连忙说："没关系的，吴老师，花本来就是送给你的，是我太小气了。"

第二天，吴老师一大早就去花店买了一束最新鲜的花，手捧鲜花高兴地来到幼儿园，路上遇到同事都夸她手里的花开得好看，吴老师说："我要放在我们班里让孩子们欣赏，你们也可以告诉你们班的孩子一起过来欣赏。"

这时，航航的妈妈送航航来幼儿园，航航妈妈手里也带了一捧花，航航妈妈对吴老师说："昨天航航把事情跟我说了，我就买了这些花带给你和孩子们。"

吴老师感谢后，收下了这一捧好看的花。

走进活动室，昨天钢琴架上放花的位置上赫然出现了与昨天一模一样的花束，原来是萱萱一大早专门又采了一束包好拿来幼儿园，让门卫爷爷帮忙放上去的。

吴老师把三捧美丽的花摆放整齐，跟幼儿们说："美好的东西要共享才能实现更大的价值，这么好看的花应该放在活动室让大家一起欣赏，但大家一定要注意不要破坏这种美，我们要爱惜这些花。"

幼儿们纷纷点头，小眼睛都在欣赏这三捧美丽的花。

## 点评

幼儿的内心单纯而脆弱，萱萱对送给教师的礼物格外用心和珍视，以至于霸着不让其他幼儿欣赏花的美，教师需要理解幼儿的"霸道"心理，循序渐进地告诉幼儿美好的东西需要分享，一人独占的美不够精彩，不能释放它原本的魅力，教会幼儿学会把美好的东西拿出来与他人共享，获得分享的快乐。

# 不要让"标准"扼杀幼儿的自信

**江苏省苏州工业园区新加花园幼儿园　李静来**

美术课上,教师请幼儿们以春天里自己和小朋友一起去郊外游玩为主题画一幅画。教师根据主题一边示范,一边与幼儿一同探讨春天里的景色以及游玩的场景。宽宽的马路上,两个小朋友手拉手走着,两边是草地、花朵和树木,身后是连绵的群山,头顶是蓝天白云,还有一个圆圆的大太阳。教师简单地提出了一些作画的要求后,就请幼儿们开始根据自己的想象和经验作画,每人一张白纸。

幼儿们都拿起笔开始作画,画了自己和好朋友或者爸爸妈妈一起出去玩的场景,大家都很有兴致参与到学习活动中。

我巡视一圈,发现很多幼儿都开始涂色了,但是唯有小添什么也没画出来。

巡视完一圈后,我走过去,蹲下身来询问他:"小添,你怎么还不画呢?"

小添拿着笔,低声弱弱地说:"我……我不会画。"

我耐心地说:"老师不是给了你们提示和范画了吗?你看,你可以想一想郊游的时候能做些什么,比如你可以画你和好朋友或者爸爸妈妈一起郊游,走在马路上,在两边画些树,再画些云朵就可以了,很简单的,你可以的,来画画看。"

小添几乎是立刻又回答了我:"我不会。"

他拿着笔在白纸上方来来回回，不知道如何下笔。

"没关系的，你想画什么就画什么。"

小添还在犹豫着，好在，在我多次的劝说下，小添慢慢地在纸上画了起来。

他画了一个圆圈，是一个人的模样，画完上身后，他直接在下面画了一个大大的十字。

我好奇地问他："小添，你画的人怎么没有腿啊？"

小添看着我说："这个是稻草人。"他说着不太清楚的普通话向我解释。

我感到很意外，他能够创造性地画出一个稻草人，我连忙夸奖他："哦！是稻草人啊，真厉害，你还见过稻草人呢！"

我想让小添把画面再丰富一下，画只小鸟。

小添说："我不会画。"

我鼓励他："你看你刚才画的稻草人，很棒啊！再画一只小鸟吧。"

小添问我："老师，为什么非要画小鸟呢？"

我一愣，心想：我为什么要限制他画什么呢？

于是对小添说："你想画什么就画什么，毕竟每个人的经历是不一样的。"

突然，我有一种被上了一课的感觉，我的限制拘束了他们的想象。

小添犹犹豫豫的，还是没有落笔，和小添同组的一个小女孩说："小添什么都不会，真是的。每次都这样，你看他画的。"这个小女孩还有模有样地指给我看，同组的另外几个小朋友也纷纷加入，表示赞同。

我很惊讶，同伴们竟然会这样评价小添。

我很认真严肃地对他们说："每个人都有自己擅长的东西，有自己的

优点，不能这样去说别的小朋友。你们看小添，他也很厉害，他能想到郊游的时候会有稻草人呢。"

其实，像小添这样的幼儿在学龄前儿童中有很多。有时候我不禁感叹，最富有想象力、创造力的幼儿，为何总是如此坦然地说出"我不会"，表现出的也是一种对什么都不感兴趣、不想尝试的态度。而当我观察到小添在美术活动中的表现时，对这样的疑问似乎有了一些更深刻的认识。

小添在面对画画这项任务或者说挑战时的表现很值得我们深思。"什么也没有画出来""弱弱地说""来来回回不知道如何下笔"等表现，可以反映出当时小添的拘谨和局促。

还有就是其他幼儿对小添的评价："他什么都不会""你看他画的"，从这些话语以及笃定的语气中，反映出的是其他幼儿对小添的消极负面的评价。从同伴的评价中也可以看出他们是在小添平时表现的基础上对他作出这样评价的，"每次都这样"说明小添遇到这样的情况或者其他一些需要自己动手的情况下总是选择回避。

虽然小添表现出了明显的退缩，不愿意主动迎接挑战。但在我的鼓励下，小添画出了一个稻草人，很有创造性。这说明，小添并不是真的如他自己所说的那样什么都不会，他对自己的评价是不客观的，并已经形成了一种定式，在完全没有尝试的情况下否定自己的能力，可以看出小添形成这样消极的自我评价一定是由多方原因日积月累造成的。

这节美术课，小添给了我很大的触动。在这之后，我并没有去干预小添接下来该画什么、该怎么画，只是用鼓励的方式去引导他，大胆地表现自己。

为了更好地鼓励小添，同时，也在其他幼儿面前重塑小添的形象，我

在相互欣赏交流的环节，请所有幼儿将自己创作的图画展示到展板上来。

幼儿们欣赏着同伴的画作，选出了自己最喜欢的一幅并阐述了理由。

在相互交流中，幼儿们学习到了同伴在创作中一些好的表现手法。同时，我还请了几位画得与众不同的幼儿来具体介绍自己的作品，其中就有小添。通过这样的方式，帮助小添树立起自信心，评判没有标准，让幼儿们尽情说。就如马拉古兹所说的，儿童具有一百种语言，成人要懂得欣赏儿童的每一种表达。

**点评**

教师不能用所谓的"标准"去测量幼儿成长的轨迹，也不能用所谓的"标杆"去测量幼儿成长的高度。幼儿天性中的热爱探索、乐于想象创造的因子很可能就是在一次次的否定中慢慢变得越来越小，直至消亡，我们要多给幼儿一些空间、时间，多一些耐心、多一些鼓励。其次，要注意对幼儿的言语评价，因为这不仅对被评价幼儿造成影响，同时也间接影响着其他幼儿对该幼儿的评价，教师的评价会在无形中成为其他幼儿的一种评判标准，久而久之影响到幼儿的人际交往。

# 可怕的"小黄豆"

### 河南省濮阳市实验幼儿园　梁丽菁

幼儿园的区角活动中,我们投放了一些黄豆,让幼儿用筷子夹豆子,还用黄豆做一些漂亮的手工,目的是为了锻炼幼儿们的耐心和手指的灵活性,幼儿玩得都非常开心。

可是有一粒小黄豆掉落在了地上,被小宝发现了,他将这粒小黄豆捡起来,放在自己手中,没有交给教师,也没有放回去。

在他回到班里去喝水的时候,小黄豆从他手中脱落,蹦蹦跳跳地掉进了班级木地板侧面的小洞里,小宝连忙放下水杯去捡黄豆,可是小洞太小,怎么也拿不出来。

他想到找教师求助,他对梁老师说:"老师,我把小黄豆掉进小洞里了,你能帮我拿出来吗?"

当梁老师看到地板侧面那么多的小洞时,对小宝说:"这样的小洞,放进去就没办法拿出来了。"出于对幼儿安全的考虑,梁老师又对小宝说:"小宝,以后再捡到黄豆得交给老师,不能自己拿着玩,知道吗?"

小宝听到梁老师说这样的话,很不高兴地走开了。

本以为事情就这样解决了,可没想到这只是事情的开始。

次日清晨,小宝妈妈送小宝来幼儿园时,小宝一反常态紧紧地搂住妈妈,哭闹着不上幼儿园。

妈妈问他为什么哭,他也不说,妈妈哄了他好一会儿,他依然哭个不停。

由于小宝妈妈着急去上班,梁老师便从小宝妈妈手中抱过小宝,他的反应很强烈,不断挣扎,而且哭得更厉害了。

梁老师赶紧安抚小宝,并试图让他停止哭闹,许久小宝终于停止了哭闹。

集体活动期间,幼儿们都坐在凳子上认真听教师讲课,小宝却红着眼睛,眼睛里泛着泪花。

课间,梁老师把小宝叫到水房,轻声询问:"小宝,怎么了?今天一直哭闹,你有什么心事告诉老师,好不好?"

小宝只是摇头,不说话。

梁老师说:"小宝不开心,老师也会不开心的。"

小宝这才战战兢兢地说:"老师,我害怕。"

梁老师忙问:"害怕什么?"

小宝身体抖了抖,又不说话了。

梁老师能感受到小宝是因为受到了惊吓,于是用手轻轻地拍着他的后背,感觉他抖得不那么厉害了,试探着问:"小宝,你能跟老师说在害怕什么吗?"

小宝小声说:"老师,我害怕大怪兽,幼儿园有大怪兽。"

我惊讶地问:"幼儿园怎么会有大怪兽呀?世界上根本没有大怪兽啊!"

小宝揉着眼睛说:"有!就是那颗小黄豆,它会变成大怪兽的!电视上就是这么演的。"

这时,梁老师才恍然大悟,原来是小黄豆惹得小宝一直哭。

怎么也没想到小黄豆变成了小宝的心结!

小宝接着又说:"老师,我怕大怪兽会把小朋友们和老师吃掉!"说完搂住梁老师又哭了起来。

此刻,梁老师感受到小宝的无助,也欣慰于即使他在极度害怕的同时还想着幼儿园的小朋友和老师。

梁老师紧紧地搂住他,不住地安抚小宝的情绪。

小宝小心翼翼地问:"老师,我们把小黄豆取出来吧。"

可当看到木地板侧面的小洞时,梁老师为难了,几次捞取皆以失败告终。

后来梁老师灵机一动,趁小宝不注意时从区域中拿出一粒小黄豆,告诉小宝:"你看,我已经把小黄豆取出来了。"

小宝看到小黄豆,终于破涕为笑。

可是没过多久,小宝忽然跑到梁老师面前哭着说:"老师,你根本没有把小黄豆取出来。它还是会变成大怪兽来吃掉我们的……"

梁老师说:"小宝,小黄豆是不能变成大怪兽的,小黄豆能长出黄豆苗或者黄豆芽!"

小宝摇头,说不信。

解铃还需系铃人,为了打开小宝的心结,梁老师想:为什么小宝会觉得小黄豆会变成大怪兽呢?或许因为小宝不了解黄豆的生长过程,所以才会受到不健康的动画片的影响,要想帮助小宝消除掉这种恐惧心理,就该帮助小宝真正了解黄豆的生长过程。

为了加深幼儿对黄豆生长过程的认识,梁老师组织班级开展种植黄豆活动,说干就干,现在正值春夏交接之季,这个季节也很适合种植黄豆。

梁老师让小宝从区域活动里拿出几粒小黄豆,小宝一脸的疑惑,问:"老师,让我拿黄豆干什么?"

梁老师回答:"我们一起种黄豆吧,我们看看黄豆能长出什么?"

小宝一听，乖乖拿了一把黄豆，梁老师也找来一个杯子，为了让黄豆能吸取更多的营养成分，梁老师在幼儿园的小花园里捧了一抔土，调和成有营养的水来种植黄豆。就这样，种好了黄豆，让全班幼儿一起观察，然后把它放在了教室外面的阳台上。

第二天，幼儿一来幼儿园，梁老师就带着他们来到阳台观察小黄豆，大自然真得很奇妙，小黄豆种在杯子里才一天的时间，就已经有了变化。

"老师，你看，小黄豆变大了。"有幼儿说出自己的发现。

"小黄豆的皮变皱了，小黄豆的皮里好像进水了！"小宝也说。

梁老师告诉小宝："你看，小黄豆有变化了，它在吸收水分、吸取营养，用不了几天，它就会长出小豆芽的！"

小宝却疑惑地问："真的吗？"眼里充满了期待。

几天过去了，幼儿们的兴趣依旧浓厚，他们又去看小黄豆，有几粒小黄豆已经冒出了小嫩芽。

轩轩告诉小宝说："小宝，快来看呀，小黄豆发芽啦！"

小宝闻声跑到阳台上，他仔细端详着小黄豆，激动地叫起来："小黄豆发芽啦！我们种的小黄豆发芽啦！"

梁老师走过来，指着种植小黄豆的杯子问幼儿们："黄豆会变成大怪兽吗？"

幼儿们齐声回答："不会！"

就这样，小宝的心结被打开了！

回顾整个事件的过程，经过询问小宝的家长，得知小宝喜欢看动画片，而小宝的家长对小宝看动画片之事毫不过问。

现在电子产品离幼儿已经不再遥远，手机、平板电脑这些电子产品已

经普及到了每户家庭，幼儿们从中获取的信息量是我们无法衡量的。所以，在幼儿看的节目当中，可能会有一些暴力、恐怖的角色，导致幼儿觉得会从黑暗中、瓶子里、小洞中产生怪兽，使得幼小的心灵中不能承受这些环境。加上5岁的小宝还处在幻想和现实不分的阶段：这个阶段的幼儿可能会把影片中不可能的角色想象到现实中，有时还会表现为"说谎"，这些都是这个阶段幼儿的一些特点。

**点评**

幼儿对植物的生长过程没有过直接的经验，当看到一些不良的动画以后，就会对现实和虚幻分不清楚，这就有了上文的案例。梁老师通过直观地让幼儿观察黄豆的生长历程，否定黄豆会变成怪兽，用现实击破虚幻。现在电子产品离幼儿已经不再遥远，难免接触暴力动画，针对这种现象，教师应引导家长要慎重为幼儿选择动画片内容，只有正面的、充满正能量的节目才能让幼儿从中学习和成长。

# 是谁吐了

### 江苏省高邮市城北实验小学附属幼儿园　刘秀华

午点的时候，幼儿们正在津津有味地吃着元宵粥。涛涛第一个吃完，把碗放进桶里的时候，跑来告诉刘老师："老师，地上有一摊呕吐物。"

听他这么一说，班上的幼儿都朝地上看，有的幼儿赶紧捂着鼻子，满脸厌恶的样子。

有的幼儿不停地嘀咕着："恶心死了。"

保育员李老师赶紧来处理，可李老师恰巧咽喉炎犯了，处理了一半，忍不住跑到卫生间吐了起来。

教室里一片闹腾，刘老师示意幼儿们安静下来，然后问大家："是哪位宝宝吐出来的？"

幼儿们七嘴八舌地说着"不是我"。

刘老师说："老师并不是责怪大家，只是想告诉你们，现在刚好是春天，细菌传播得很快，如果不赶紧处理掉脏东西，就会进入我们的呼吸道，大家抵抗力差，很容易生病。如果没有人注意到地上的脏东西，你踩一脚，我踩一脚，滑倒了，多不好，是不是？"

露露说："是啊，上一次我还摔倒过一次呢，好难闻。"

这个时候，保育员李老师从卫生间吐过出来，看到没有人承认，有些生气地说："是谁吐出来的？"

幼儿们还是像刚才那样——否认。

"那有没有小朋友看到是谁吐出来的？"李老师追问。

有一个声音大声说:"老师,是英英吐的。"

大家看向英英,英英很委屈地反驳:"不是我,真的不是我,辰辰说谎。"

"辰辰,你亲眼看到英英吐了吗?"刘老师问。

辰辰说:"没有,但是平时他老吐,老师说过要吐的时候捂紧嘴巴跑到卫生间,他老不听老师的话。"

刘老师笑着说:"既然没有亲眼看到,就不能凭自己的猜测认定他人,如果冤枉了别人怎么办,是不是?"

辰辰不再说话。

刘老师看向大家:"这样吧,如果是哪个小朋友吐出来的,可以偷偷告诉你的好朋友,再由你的好朋友来告诉老师,老师不会责怪你;你也可以趁没人的时候悄悄告诉老师,老师会为你保密哦。"

幼儿们静静地坐在小椅子上,没有回应。

刘老师环顾着幼儿们,企图想从他们的脸上找到一丝蛛丝马迹,但并没有发现异样。

刘老师认为有必要把这事弄清楚,一方面是为了缓解幼儿们犯错而惧怕老师不敢承认的胆小心理,同时也是告诉幼儿们犯错不要紧,最重要的是学会承认错误。

下午的游戏时间,刘老师组织幼儿们玩"真心话大冒险"游戏,幼儿们两两结伴,通过石头剪刀布决定输赢,胜者可以提问输者一个问题,输者必须要说真话,然而游戏过半,幼儿们所提的问题无非是最喜欢吃什么、喜欢什么玩具、做过的最好玩的事是什么,等等。

刘老师决定引导幼儿们一下,趁恩恩胜利之际,走到恩恩耳边小声提

示："恩恩，你帮老师问问对方今天在教室里吐了没有，好吗？"

目的很清楚不过，刘老师想用游戏的方式代替严肃空洞的道德说教，从而抽丝剥茧找出呕吐的人，但直到离园前十分钟，仍一无所获。

刘老师看着幼儿们欢快地玩着，陷入了沉思，心想会不会跟季节性疾病有关？

目光巡视教室后，刘老师示意幼儿们安静下来，温柔地问道："今天，班上有没有哪个小朋友身体不舒服？"

话音刚落，有两个小朋友小手举得高高的，巴不得老师能看到自己，以期得到老师的关心。

"老师，我的手指昨天不小心被刀给划了一道小口子，现在还疼着呢。"诚诚优先说。

刘老师走近他，把他的小手拉过来一看，心疼地安慰道："伤口有点深呢，别动，老师用创可贴给你包一下，记得不要碰水，过两天就好了。"

"欢欢，你身体哪里不舒服呢？"

欢欢指着自己的肚子："老师，我头有点晕，肚子有点疼。"

刘老师似乎意识到了什么，紧接着"关心"道："那你有没有想吐的感觉？"

欢欢轻轻地点点头。

"可能是感冒了，在家吃药了吗？"

"吃了，但是很苦。"

"吃过药很快就会好了，欢欢真棒！"

被刘老师一夸，欢欢憨憨地一笑，露出了两颗可爱的小虎牙。

马上就是离园时间，游戏散后，由其他老师组织秩序，刘老师以接水为名把欢欢单独拉到水房，轻轻问他："欢欢，吃午餐的时候，地上的呕吐物是你吐的吗？"

欢欢立马意识到刘老师的意图，但看刘老师这么确定，只好承认，怯怯地点点头，声音小到凑近他才能听清楚。

"老师，我吃了元宵粥后就想吐，还没有跑到卫生间就忍不住吐出来了。"

刘老师摸摸他的头说："原来是这样，老师不怪你，本来身体不舒服还能记住老师说的话，知道跑到卫生间去吐，老师很开心。以后如果身体不舒服，有什么不想吃的要记得告诉老师，好不好？"

欢欢重重地点点头。

刘老师舒了一口气，庆幸自己没有像以前一样，无意中成为情绪的俘虏。

## 点评

> 幼儿是独立的个体，也需要与成人一样受到尊重，幼儿时期是幼儿心理发展的关键期，如果教师当着全班幼儿的面指出幼儿的错误或者训斥幼儿，可能会令幼儿产生羞辱感和抵触心理，教师应该保护幼儿的自尊心。幼儿身体不舒服发生呕吐现象，是一件极为普遍的事，教师切忌不要做了情绪的俘虏，看到脏物火冒三丈只会让幼儿惧怕教师，更加不敢承认错误。刘老师面对幼儿呕吐，并没有严厉揪出肇事者，而是通过谈话、游戏、联系季节性疾病原因，终于找出身体不舒服的欢欢，既保护了幼儿的自尊心，又教会幼儿怎么表达自己的需求。

# 两个小领导

### 浙江省杭州市万家星城幼儿园　施林红

影吧是我们这个学期新设的区域，在影吧里有化妆室、摄影室、冲印室，幼儿们平时很喜欢去影吧玩，特别是女孩子，化妆室几乎成了她们的天地，她们特别喜欢摆弄里面的各式发夹。

区域活动结束时，幼儿们在收拾玩具。

珊珊和婷婷负责摄影室的整理工作，婷婷在整理的时候发现走廊上有一只苹果发夹，就捡了起来，左看下右看下，正犯嘀咕。

旁边的珊珊也看到了这个发夹，她跑到婷婷的跟前，看看发夹说："这个苹果发夹是我的，是我上次带来的。"

"才不是！"婷婷扭头就走。

珊珊二话不说，跟过去把发夹夺了过去，要把发夹放进自己的口袋里。

婷婷急了，一边去"抢"发夹一边着急地说："这个发夹是我捡来的！"

珊珊使劲护住发夹，不肯给婷婷，婷婷也不罢休，一定要抢回这个发夹，两人你争我抢，谁也不肯让步。

我看到了这一幕，本想走过去解决，没想到婷婷却说："老师，你别过来，我们自己能解决。"

"对，我们自己能解决。"珊珊在旁边附和。

于是，我就站在不远处看她们怎么处理。

婷婷和珊珊都很活泼、开朗、外向、伶牙俐齿的。平时两个人在小朋

友中都处于"小领导"的地位，爱指挥他人。两个幼儿的个性都很强，性子急，谁也不让谁，也就难怪会有这么大的争执了。

只见两个人僵持着，珊珊说："这个发夹又不是你的，你是地上捡的！我看见了！"

婷婷说："也不是你的，上面又没有你的名字！"

珊珊开始着急了："这个发夹是我妈妈新买的，我上次掉了，妈妈还批评过我呢。"

婷婷不信任地看看珊珊，说："一样的发夹有很多呢，我捡的又不是你的，这是我捡的，还给我！"一边说一边伸手试图"夺回"珊珊手中的发夹。

珊珊则捂着口袋，大声说："是我的，是我的！我不给你！"

婷婷也毫不示弱："是我捡的，给我！"

珊珊长得比婷婷高些、胖些，婷婷抢不过就开始动手，珊珊以自己的身体优势暂时压倒了婷婷。

事情越闹越大，开始有幼儿围观，因为两人平时在幼儿们中间属于小领导角色，各自有不少小粉丝，本来两个人的事情这下演变成了两个"帮派"的局面。

我赶紧过去拉开你推我搡的婷婷和珊珊，让她们冷静一下。

婷婷首先告状："老师，珊珊抢我的夹子！"

珊珊急着为自己进行辩护："老师，她乱说，这个发夹本来就是我的，是我上次在幼儿园里丢了，婷婷又没长头发，她又用不着发夹，这个明明是我的，我认出来了。"

"这个夹子是我在走廊上先看到的，我先捡到的，珊珊一定要把夹子

抢走。"

"这个夹子本来就是我的！"珊珊再次强调自己的理由。

"谁说是你的，说不定是化妆室里的夹子！"婷婷也摆出了自己的理由。

婷婷的"小粉丝"说："肯定是珊珊抢别人捡的东西，是她不对！"

珊珊的"小粉丝"说："这个夹子是珊珊的，我以前看到珊珊戴过。"

……

幼儿们你一言我一语，场面再一次失控。

其实，我已经看出这不是我们区域里的发夹，于是及时介入，举起珊珊手中的夹子说："这个夹子到底是谁的，我们一起当'光头侦探'来破案好吗？"

幼儿们一致说："好！"

我先请幼儿们回想一下影吧化妆室里一共有几副发夹，这个区域的活动材料投放时间不长，活动材料也是幼儿园提供的，数目都有记载，因此有据可查。

一位幼儿拿来了记录本，大家一看，有六对，我们再一对照化妆盒，化妆盒里放着整整齐齐的六对夹子。

珊珊一看，得意地说："我就说是我的夹子，你们还不相信！"

婷婷一看呆住了，脸一下子红了。

我问珊珊："这真是你的夹子吗？"

珊珊肯定地点了点头。

我又接着说："丢了自己心爱的东西确实很着急，但是除了抢，你能用更好的方式让婷婷知道这是你的发夹吗？"

珊珊说："我跟她说了，她不听才抢的。"

"我为什么要听你的？"婷婷嘴硬。

两个小领导依然谁也不让谁。

我想了想，说："珊珊，你看，婷婷帮你找回了发夹，你不开心吗？"

珊珊不说话了，婷婷看上去似乎也有点尴尬。

我摸摸婷婷的头说："老师知道你很关心班级，把班里的玩具管得很好，但是吵架能解决问题吗？"

婷婷摇了摇头，我接着说："把事情弄清楚了，原来是一件好事！"

我拉起珊珊和婷婷的手问："你们这样大声地吵架，心里觉得怎么样？"

珊珊和婷婷说："很生气、想哭。"

"你们俩都是能干的孩子，以后碰到这样的事希望你们不要再硬碰硬，在一起玩多高兴啊。"

珊珊和婷婷互相不好意思地道了歉，继续整理摄影室……

其实，幼儿之间有冲突不一定全是坏事情，要具体情况具体分析，如果幼儿只懂得进攻或只懂得退缩，对其个性发展都是不利的。冲突在一定程度上能够使攻击者和被攻击者学会调节自己的行为，获得有益的体验。攻击者遭到同伴的抵制和老师的批评，认识到自己不被同伴接受时，就会反思、调整自己的行为，与同伴建立良好的合作关系。被攻击者通过反击，成功地阻止了别人的"进攻"，当再有人侵犯他时，他就不会退缩。如果教师在调解过程中注意引导幼儿运用合适的方式与他人交流，指导幼儿面对冲突时要用正确合理的方法加以解决，幼儿一旦面临类似的情况就会运用已有经验进行处理，否则便有可能重蹈覆辙，也无法获得相应的解决问题的经验和技能。

**点评**

　　婷婷和珊珊发生冲突的主要原因是两个人都很强势，谁也不服谁。倘若这件事发生在一强一弱间，冲突可能会很容易解决，不会出现两次场面失控，由最开始的两人战争演变成"两个帮派"的局面。当幼儿们不能自己解决问题时，教师的及时介入是很有必要的，同时也反映出在实施教育的过程中，教师要教给幼儿为人处事的知识或道理，要帮助他们懂得如何去运用，不仅仅是教过便是了，要懂得如何去做好教育的延伸。所以，德育教育不仅仅全由课堂教学来解决，还应延伸到日常活动中，往往一个小细节，一个随机性教育都会给予幼儿有利的启发，不是要我们告诉他们怎么做，而是要我们启发他们应该怎么做。这样，幼儿长大后才会适应以后的社会生活和时代的高速发展。强，不是错，需要学的是友好相处。

# 孩子，请你相信自己

**河南省濮阳市中原油田基地第七幼儿园　孙淑华**

数学活动中，幼儿们都在专注地摆数卡，突然传来一阵哭声，我赶忙循声望去，原来是慧慧，心中顿时充满了疑惑。慧慧平时十分乖巧懂事，动手能力又强，这么简单的操作活动不可能难住她，是什么事让她这么伤心？

正当我疑惑不解时，慧慧指着对面的两个幼儿委屈地说："老师，我摆对了，可是他们非说我摆错了。"

我看了看她的卡片，真想说摆得完全正确，可我忍住没说出口。

慧慧，人如其名，有一双天真无邪的大眼睛，闪烁着智慧的光芒。她的妈妈想把她培养得更优秀，她也没有辜负妈妈的期望：小嘴巴特别会说，经常听到她关心地问老师，"老师，你累了吧，快坐下歇会吧""老师，说了那么多话你渴了吧，快喝点水吧"，这些话让人听了心里暖暖的；她动手能力也很强，是教师的得力小助手；她很好学，凡事喜欢探究思考；她善于观察，周围发生的微小事件都逃不过她的眼睛……然而，拥有这么多优点的她，却有一个很严重的不足之处——缺乏自信。

我觉得这和她妈妈总是用质疑和否定来评价她的能力有很大的关系。想到这里，我认真地问慧慧："你自己觉得摆得对不对呢？"

我这么一问，她又仔细地看看卡片，嘴唇微微颤动了两下，但什么也没说，然后用泪汪汪的大眼睛一直盯着我，我明白她是想从我这儿找到答案。

"慧慧，你觉得你自己摆正确了吗？你刚才不是跟我说你摆对了吗？

那到底对不对呢？"我鼓励她说出自己的答案。

可是慧慧又仔仔细细地检查了一遍，看看我又看看旁边的幼儿。

我先是在心里叹了一口气，但是继续鼓励她："慧慧，来告诉我们结果吧，我希望你自己告诉大家，好吗？"

她若有所思地低下头，慢慢地停止了抽泣，然后小声说："我摆对了！"

我微笑着点点头，说："慧慧真棒，摆对了，以后心里怎么想的就要说出来哦，你不说，别人怎么会知道呢，是不是？"

慧慧笑着点点头。

最后我安排慧慧教授旁边摆错数卡的幼儿，慧慧从中体验到了成功的喜悦，满脸轻松的笑容。

户外活动时，我和幼儿们一起跳皮筋，还学了一个新动作，虽然有一定的难度，但大部分幼儿很快就学会了。

很多幼儿都开心地说："老师，跳皮筋真好玩！"

接下来是分组练习活动，当轮到慧慧时，她极不情愿地说："老师，我想撑皮筋。"

我有些惊讶，平时撑皮筋的幼儿可都迫不及待地想"罢工"呢，而慧慧却主动申请撑皮筋，我知道她是想逃避新动作，所以放弃练习的机会。

"好吧，那你下一轮再跳吧！"我特意给慧慧留些调整状态的时间。

听了我的话，慧慧蹦跳着跑去撑皮筋了。

其他小朋友继续开心地跳着笑着，我发现慧慧一直用充满羡慕的眼神看着她们，无意中与我对视时，她赶紧转移目光。

很显然，她的内心十分矛盾，渴望却又害怕自己跳不好。

很快又轮到慧慧练习了，这次圆圆主动去拉慧慧的手，可没走几步她就停在那里。

我赶紧说："慧慧，我也想跳皮筋，咱俩一起跳吧？"

她看着我腼腆地说："老师，我跳不好。"

"我牵着你的手慢慢跳，来吧！"我继续邀请。

她有些犹豫，但还是把手递给了我。就这样，我先是拉着她的手一起跳，然后让她自己单独跳，看到她跳的节奏感好，动作又轻盈，其他小朋友使劲地鼓掌，慧慧越跳越开心。

幼儿总是喜欢在他人的评价中肯定自己。

室内活动时，幼儿们一起数数，数到转折处时幼儿们显得有些犹豫，"19、30……"慧慧数错了，尽管如此，其他幼儿还是跟着她继续数。

我纠正道："19后面是20。"

让幼儿们按正确的方法重数，结果数到29时，慧慧又大声地数"40"，幼儿们停顿了几秒后，又和慧慧继续往下数。

我很是惊讶，她们明明已经感觉到数错了，可没有一个人提出质疑。

我示意她们停下来，好奇地问："小朋友们，刚才数数时，你们发现什么问题了吗？"

"刚才我们数错了。"

"29后面应该是30。"

……

看见幼儿们争先恐后地表达自己的重大发现，我不解地问："那你们为什么不改正过来呢？"

"刚才慧慧声音太大，她数错了，我们只能跟着她一起数……"幼儿

们显得很无奈，慧慧也不好意思地低下头。

原来幼儿们都不敢在这个时候大胆提出来慧慧的错误。

原来，缺乏自信不是慧慧一个人的问题，是幼儿们普遍存在的问题。

于是我顺势问："但是我们这样错下去好吗？"

"不好。"幼儿们一齐回答。

接下来的一幕着实让我惊喜，再数到转折处时，也许是不够熟练的缘故，慧慧又数错了，其他幼儿这次没有受她的影响，反而突然大声一致地往下数。

很开心幼儿们能够坚持自己的判断。

后来，在阅读活动时，我特意找来绘本《不要随便否定自己》，把故事分享给幼儿们。告诉他们要从内心肯定自己，不随便否定自己，用乐观的心态看待世界，如果自己跟别人不同，也要充满自信地做自己。

## 点评

自信心作为一种重要的社会性心理品质，对幼儿的身心健康和谐发展具有促进作用，是幼儿良好的心理素质的基础。幼儿自信心不足，行为上就会有所表现：不愿意表达，不愿参与集体活动，缺乏主见，总是跟在能力强的幼儿后面，听从他人的安排；有些幼儿遇到问题，常常害怕、退缩、轻易放弃，而不能努力解决。害怕尝试新事物，总是选择比较容易的活动，而逃避那些可能有一定难度的或有挑战性的新活动。文中的慧慧就是如此，由于她的妈妈经常质疑她的能力，导致她不自信。教师通过细心观察幼儿的细微举动，耐心倾听幼儿的心声，揣摩幼儿的心理，抓住一日生活中的教育契机，运用幼儿易于接

受的方法帮助她摆脱困境，引导幼儿学会积极地评价自己。另外，还通过分析个别幼儿的行为，关注其他幼儿的行为表现，在集体活动中开展系列教育活动，让幼儿亲身经历各种问题带来的挣扎，让幼儿在自己的错误中得到成长。

教师要尊重了解幼儿，多鼓励肯定幼儿，积极评价幼儿，及时发现问题，客观分析问题，运用多种途径和方法解决问题。努力创造机会，在实践中培养幼儿的自信心，努力帮助幼儿成为一个独立的个体。

# 小班长风波

**江苏省无锡市善德幼儿园　屠艳**

一天午睡前,幼儿们都在换鞋,我看到有的幼儿拿鞋子时不小心把其他小朋友的鞋子带下来掉在地上,就提醒说:"今天谁是小班长?要负责在这里看好小朋友换鞋的哦!"

"今天琪琪是小班长。"有幼儿提醒说。

"我不想当小班长了!"琪琪说。

"为什么呢?"琪琪的回答引起了我的重视。

"就是不想当。"琪琪语气肯定地说。

"哦,那琪琪是以后都不想当小班长了吗?"我认真地问。

琪琪低着头不说话。

后来又轮到琪琪当小班长那天,她用妈妈的 QQ 给我语音留言:今天又轮到我当小班长,我不想当,我请假不来幼儿园了。

我想到前一次的"小班长事件",让琪琪妈妈问琪琪不想当小班长的理由,琪琪妈妈说:"琪琪早上起床就说不想来幼儿园,还说不想当小班长。"

我让琪琪妈妈好好跟琪琪谈谈,并拜托琪琪妈妈把琪琪送到教室。

八点多后,琪琪妈妈把琪琪送到教室,我问琪琪:"你能告诉老师为什么不想当小班长吗?"

琪琪一边哭一边说:"当小班长要到厕所看着小朋友洗手,管好小朋友换鞋,厕所太臭了,所以我不想当了。"

"那你知道老师都是选什么样的小朋友当小班长的吗？"

"是要很棒的小朋友才能当。"

"那代表琪琪是很棒的小朋友呀，所以老师才选你当小班长，可以为其他小朋友做榜样。"

听到这里，琪琪止住了哭声。

我补充道："当然这需要小朋友们自愿，如果真不想当，老师也不会强求的。"

琪琪低着头，不说话。

我继续说："每个小班长都会比其他小朋友多做很多事，同样也比其他小朋友得到更多的奖励。比如小班长可以优先选择自己喜欢的游戏，可以选择自己喜欢的故事让老师播放，还可以当小老师带领小朋友学本领，所以，有付出就会有收获，因为小班长多做了很多事，这都是他们应得的，琪琪，你认为呢？"

琪琪低着头想了一会儿，说："我知道。"

我鼓励她："想要奖励就要付出努力哦。"

琪琪点点头。

接下来一天里，琪琪认真做小班长，看上去确实辛苦，我本来想给她一个鼓励的眼神，谁知她迅速躲开了我，这让我很诧异。

午餐后，我约琪琪交谈，小心地询问她："琪琪，你不想当小班长还有别的原因吗？"

琪琪想了想，摇摇头。

我把她搂进怀里说："是不是因为上一次小班长的事情，你以为老师不喜欢你了？"

琪琪点点头。

"如果是这个原因,那老师跟你道歉,因为老师无意中的一句话让你感到委屈了,下次遇到事情直接来找老师说,好吗?"

"嗯!"琪琪脸上露出了笑容。

琪琪的事让我明白,幼儿很敏感,他们很在意教师对他们的看法。同时也让我想到了有次说不想当小班长的辰辰。

我找到辰辰,问他:"上次你不想当小班长,你能告诉我为什么不想当吗?"

辰辰说:"小班长每次都要最后才能进午睡房,我脱衣服就比别人慢,所以不想当小班长。"

辰辰的话让我很意外,于是我决定来一个全班小调查。

我利用游戏时间找其他当过小班长的幼儿交流,发现大部分幼儿都愿意当小班长,但也有个别幼儿提出,小班长的事情比较多,有时候自己的事情会来不及做。

听了他们的话,我决定让他们自己来设定小班长的"工作"。

"以前小班长做什么事都是老师说了算,今天我要请你们来决定,小班长要做什么事。"

幼儿们听了特别开心,都争着要说。

有的说:"小班长要负责整理图书。"

有的说:"小班长要负责点名。"

有的说:"小班长要拿做操的器械。"

……

这样一来,小班长的工作反而越来越多。

"你们觉得小班长能把这些事都完成吗？"我问。

"不能，那要累死了。"琪琪说。

"是呀，小班长把事情都做了，那值日生都不用做事情了，那怎么办呢？"我问。

幼儿们你看看我，我看看你。

"图书可以让值日生整理。"

"换鞋那里也可以让值日生负责。"

……

于是，值日生除了做好自己组的值日工作，还可以做小班长的小帮手，分担班级的其他事情。

大家商量后决定，六个值日生分别担任：图书管理员、换鞋管理员、小碗管理员、洗手管理员、体育器材管理员、喝水管理员。而小班长是老师的小帮手，可以帮老师做一些小事情以及负责帮阿姨收晨检牌。

就这样，小班长风波在和谐、民主的氛围中解决了。

看到我采纳了他们的建议，他们特别开心，还分组画了小班长和管理员的挂牌呢。

**点评**

每个幼儿都是一个有思想、看法、需求、情感的独立个体，即使幼儿的想法与成人的想法发生冲突，我们也要尊重他们的个性，不要强行替他们做主，应选择民主的方法解决问题。正如案例中，当幼儿不愿意当小班长时，教师首先应该尊重幼儿的意愿，当发现自己无意

中的一句话引起了幼儿误会，让幼儿感到委屈时，要及时道歉，消除误会。同时，"不愿意当小班长"的现象也引起了教师的重视，教师及时找当过小班长的幼儿交流，从中发现了问题，最终放手让幼儿自己来决定"小班长"的职责范围，不但解决了问题，同时也让每个值日生的任务都具体化，让每个幼儿都有为班集体服务的机会。因此，在班级管理中，我们要尊重幼儿、相信幼儿，站在幼儿的角度多为幼儿考虑，并给幼儿提供机会，让他们发挥自己的潜能。相信，我们给幼儿一个自主发展的空间，他们会让我们看到一个不一样的儿童世界。

# 信任的开始

**重庆市新桥医院幼儿园　徐文静**

我所在的班级是小班，幼儿入园有一段时间了，有一个叫果果的女孩引起了我的注意。

每天早上，果果妈妈送果果来幼儿园的时候，总是对教师讲果果昨天在家里表演了新学的儿歌，小手灵巧地做着新学的手指游戏。

然而在幼儿园，果果却是另外一个样子：总是紧闭嘴巴，不爱和教师及小伙伴们交流。

我很想知道，为什么果果在家里和幼儿园会是两种状态，于是我开始细心观察起果果来。

我开始主动亲近果果，时不时地抱抱她，问她"今天是谁送你来幼儿园""我是哪个老师""幼儿园好不好玩"等问题，虽然她不回答甚至有点排斥我，但我没有放弃。

经过一段时间的接触以后，我感觉到果果对我的态度缓和了许多。于是我在她耳边悄悄地说："果果，我们来玩个'点头摇头'的游戏吧？"

听了我的话，果果的眼神中略微增加了几分期待。

我紧接着说："如果我说对了你就点点头，如果我说错了你就摇摇头，怎么样？"

果果点头同意。

于是，我问她："我是胡老师吗？"

她摇摇头。

我又继续问:"那我是魏老师吗?"

她接着摇摇头。

"那我是不是徐老师?"

她想了想,看着我,轻轻地点点头。

我说:"果果太棒了,没有把徐老师认错!"

果果听见我的表扬,嘴角露出了一丝笑意。

接下来的日子里,我经常用"点头摇头"的方法了解果果的想法,比如,要不要尿尿、要不要喝水、要不要添饭,等等。

虽然"点头摇头"的游戏让我了解了果果的一些想法,但她依然不开口说话,不愿通过声音表达自己的想法,我还是很着急,得想个办法,一定要让果果勇敢地张开嘴巴说话。

通过细心的观察,我发现果果的自理能力很强,每天午睡的时候,她都可以自己脱衣服。

有一次,搭班陈老师帮她把纽扣解开了,可是果果又把纽扣扣上了。我知道她是想自己解开纽扣,就走到果果身边,故意问她:"果果,你为什么把纽扣又扣上了?"

她不说话。

我接着说:"你知道吗?徐老师有个特别的本领,只要你叫我一声,我就知道你想什么。"

她睁大眼睛半信半疑地看着我。

我趁机拉着她的小手,说:"怎么,你不相信徐老师的话?那你在我耳边叫我一声试试看!"

我把耳朵凑到她的嘴边，片刻，终于听见一个细小的声音："徐——老——师——"

我心中一阵狂喜，但还是努力按捺住激动的情绪，故弄玄虚地对果果说："徐老师现在猜猜啊，果果为什么又把纽扣扣上了呢？我猜到了，是不是果果想要自己解开纽扣，做一个能干的孩子呀？"

果果听见我的回答后高兴地说："嗯！妈妈说了，自己的事情要自己做！"

终于从果果的嘴里听见了我想要听的声音，我心里别提多开心了。

第二天，果果妈妈送果果来幼儿园的时候偷偷告诉我："果果说幼儿园有个特别厉害的老师，只要一叫她，她就知道果果在想什么。"

看来，果果已经开始对我有点好感了。

有了信任的开始，我得继续加油，让果果彻底信任我。

区域活动时，小机灵鬼莎莎跑到我的身边来告状："徐老师，果果的电话被乐乐抢走了。"

听完莎莎的话，我走到娃娃家区域，看见果果躲在墙角，脸上挂着泪珠，一脸委屈。

我没有着急去批评抢玩具的乐乐，而是赶紧安慰果果："能告诉徐老师到底发生什么事情了吗？"

果果趴在我肩膀上哭泣，一个字也不肯说。

环视娃娃家，我突然想到娃娃家里设置了"求助热线"服务，顿时眼前一亮。我用手比作一个"六"，假装在打电话。

"丁零零，丁零零，请问果果在吗？"我对着电话说。

"嗯，果果在。"果果看见我这么做，小声地回答了我，迅速进入了

游戏情景。

"我是求助热线客服,听小朋友说能干的果果哭了?请问发生了什么事?让我帮助你好吗?"我搂着果果,眼睛却看向墙面,就像真的在打电话一样。

果果委屈地说:"乐乐抢走了我的电话。"

"哦,原来是这么一回事,乐乐抢玩具不对,我马上处理这件事。"我坚定地说。

边上轻轻传来果果的一声"谢谢"。

我继续说:"如果以后再遇到麻烦,你就给我打'求助热线',让我帮助你好吗?"

"嗯,好的,拜拜!"果果认真地点点头。

## 点评

果果性格有点内向,刚刚来幼儿园不愿意和陌生人交流,但徐老师通过坚持不懈的努力,让果果慢慢对她产生了信任。只要教师愿意用心去关注幼儿,就能慢慢地打开幼儿的心扉,逐渐成为幼儿的朋友,帮助幼儿快乐成长。另外,教师应为幼儿创设自由、宽松的语言交往环境,让幼儿想说、敢说、喜欢说,并得到积极的回应,比如文中娃娃家区域设置了"求助热线"服务就很有借鉴性。

# 二胎到来时

### 山东省荣成市第三实验幼儿园　张锦蓉

宁宁是一个开朗、活泼的中班男孩。元旦前,宁宁多了个弟弟,大家都为这个新生命的到来而兴奋,宁宁却变得失落、焦虑、暴躁。

早上宁宁哭着来到幼儿园,赵老师从爷爷怀里抱过他,他却开始拳打脚踢。赵老师抱着宁宁,手不停地抚摸着他的后背,边安抚边问:"宁宁,小弟弟长得帅吗?"

宁宁噘着嘴说:"才不帅呢!"然后又带着哭腔说:"赵老师,爸爸、妈妈、爷爷、奶奶都喜欢小弟弟,他们不喜欢我了。"

"怎么会不喜欢你了呢?"

"他们都去抱小弟弟,没有人理我,没人陪我玩。"说着宁宁的眼泪流了出来。

游戏时,宁宁和小朋友争抢积木,嘴里说着:"这是我的,谁也不给。"

吃饭时,宁宁看着饭不动,一定要赵老师喂才肯吃。

午睡时,宁宁要值班老师陪着他,不能离开。

吃水果时,幼儿们高兴地吃着爸爸、妈妈为他们准备的水果。宁宁看着自己的橘子,却把它们扔进了垃圾桶里。赵老师走过来,问他:"宁宁,为什么要把橘子扔掉呢?"

"我不想吃橘子。"

"那你想吃什么?"

"我要吃草莓,爸爸、妈妈不给我买,他们只爱小弟弟不爱我。"说着宁宁的眼泪又落下来了，看上去很委屈的样子。

赵老师意识到是家人态度的变化，让宁宁变得敏感、脆弱了。

想到班上有弟弟妹妹的小朋友很多，赵老师就想知道其他幼儿是怎么与弟弟、妹妹相处的。于是赵老师把幼儿们聚到一起，问幼儿们："宝贝们，你们谁有弟弟或者是妹妹？"

"我有。"

"我有。"

"我也有。"

一只只小手举了起来。

"那你们在家中怎样和弟弟、妹妹玩？"

幼儿们你一言我一语地说起来。

淘淘说："妈妈给弟弟喂奶，我在旁边陪着。"

秀秀说："弟弟哭了，我给弟弟唱歌。"

婷婷说："老师，我妹妹的小名是我取的。"

……

赵老师注意观察宁宁的变化，看到了他眼里的羡慕，心中知道其实宁宁是喜欢弟弟的。于是问他："宁宁，你愿意和弟弟一起这样玩吗？"

宁宁鼓着嘴说："可是爸爸、妈妈怕我碰到小弟弟！"

原来问题出在这里，赵老师心想。

赵老师拿来绘本，给幼儿们讲《汤姆的小妹妹》这个故事。讲完故事，赵老师提问大家："为什么大家要抱小妹妹没有抱汤姆？"

这次，宁宁争着回答："因为小妹妹太小不能走，所以要抱着。"

赵老师看着宁宁点头微笑："那宁宁的小弟弟现在能走路吗？"

宁宁摇摇头小声说:"不能。"

赵老师又问:"故事中的小妹妹哭了,汤姆是怎样哄她的?"

秀秀说:"给她唱儿歌。"

"嗯,真是个有爱心、有办法的哥哥。你们会这样当哥哥、姐姐吗?"

大家齐声回答:"会。"

赵老师看看宁宁,问:"宁宁,你呢?"

"我也回家给小弟弟唱歌。"

听到宁宁这样说,赵老师笑了,并鼓励宁宁:"相信宁宁也是个爱弟弟的好哥哥。"

傍晚,宁宁爸爸来接宁宁,赵老师将宁宁爸爸留下,询问最近宁宁在家的表现。

宁宁爸爸愁眉苦脸地说:"最近一段时间,宁宁在家太反常了,我们只要去抱弟弟他就哭,妈妈不喂他就不吃饭。有时还扔东西,拿剪刀把自己的衣服剪碎,说是不给弟弟穿。还用锤子把柜子门砸坏了,晚上经常哭醒,我们太头疼了。"

赵老师笑着说:"宁宁爸爸,首先我要肯定地告诉您,宁宁的反应是正常的。您想弟弟抢走了爸爸、妈妈,他不喜欢弟弟很正常,你非要他喜欢,那是强人所难,您说是吗?"

宁宁爸爸点点头。

"假如宁宁希望妈妈陪他玩,正好弟弟哭了,你们会怎么做?"

"当然是先去照顾小的了。"

"从现在开始改一改,妈妈一定要先陪宁宁玩,让家人照顾弟弟。让他感受到即使有了弟弟,爸爸、妈妈、爷爷、奶奶还是爱他的,他和弟弟同

样重要，在内心对爸爸、妈妈重新建立信任，才能真正地从内心里接受并爱护弟弟，这样我们就成功了。"

赵老师又把绘本《汤姆的小妹妹》交给宁宁爸爸，希望他能够认真阅读，了解幼儿面临二胎来临时的心理反应，同时将自己搜集的关于"家有二胎如何关注大宝情绪"的文章分享给宁宁爸爸。

宁宁爸爸反思自己的行为，认识到最近一段时间对宁宁的关注太少，表示以后会加大对宁宁的关心、爱护。

第二天早上，宁宁笑着来到幼儿园主动找到赵老师说："赵老师，昨天晚上妈妈陪我玩积木了，我还给小弟弟唱歌了，爸爸和妈妈夸我是好哥哥。"

几天后，宁宁在"娃娃家"当起了"哥哥"，他抱着娃娃说："弟弟不哭，哥哥抱抱，哥哥给你喂奶。"边说边拿着奶瓶给"弟弟"喂奶。喂完奶又唱歌，还给"弟弟"穿衣服、洗脸、刷牙……

宁宁又变得开朗、活泼了！

### 点评

幼儿的情感是细腻的，他们能敏锐地捕捉到周围事物的变化。二胎的到来，家中大宝会发怒、生气、焦虑、委屈，行为上会打人、扔东西、跟大人对着干。这时候千万不能跟幼儿硬着来，而是要耐心、温和地对待。文中赵老师理解幼儿的心理，在感受宁宁所感之时，引导宁宁说出自己不开心的原因，让他发泄出自己心中的不满。随后以榜样的力量，引导宁宁爱护弟弟，最后又巧妙地利用绘本故事感化幼儿，帮助他们树立爱弟弟妹妹的情感，引导幼儿从心里接受弟弟妹妹，从而解决问题。

## 做幼儿的好朋友

江苏省无锡市新安中心幼儿园　谢晓燕

舟舟是独生女，与爷爷奶奶、爸爸妈妈一家五口同住，爷爷奶奶都非常宠爱这个独苗。只要舟舟在家，爷爷奶奶总是时刻陪着她，一会儿玩玩这个，一会儿玩玩那个。

舟舟的父母对女儿的教育相当重视，每次只要有活动都会准时参与，但最大的苦恼是不知道怎样才能让这个文静的宝贝女儿变得活泼一点。

新学期开始了，班级里传来一个歇斯底里的哭声，我循声望去看到舟舟拉着妈妈的衣角在哭，舟舟妈妈劝说了很多遍都没有用，只好向我投来求助的目光。我带着微笑走过去，试图把舟舟拥入怀里，可是舟舟却拼命地抱着妈妈的腿，哭得更响了，我一时也不知道怎么办才好。

其他幼儿陆续来园了，有几个幼儿见舟舟在哭，就围上来七嘴八舌地安慰她，其中一个叫林林的幼儿说："舟舟，我带了一本书，我们一起看吧。"

舟舟迟疑了一下，虽然有点不乐意，但最终还是放开了妈妈的手，和林林一起看书去了。就这样，舟舟妈妈才得以离开。

有一位国外的心理学教授讲了自己的体会：幼儿真正需要的是众多的好朋友，而不是一个严厉的长者。

于是，我决定开展"我做你的好朋友"谈话活动，活动中我成了每一个幼儿的好朋友，和他们唱歌、游戏、拥抱，幼儿们可开心了，此时我发觉舟舟的双眼流露出期许，我还特意在她的额头上亲了一下，舟舟甜蜜地离开了我的身边。

接下来的几天，舟舟来园虽然还哭，但只要有小朋友找她，哭声就会戛然而止。

某天，在幼儿进行数学活动时，舟舟很快就做好了，于是她就有了一段可以自由支配的时间，我当时正忙于指导其他幼儿，没有去看她在做什么。

大约过了二十分钟，舟舟笑眯眯地跑过来对我说："老师，你看，我画的是我的好朋友们。"

我指着看上去最大的一个人物，问："这是谁呢？"

"这个是你。"

仔细一看，她还真把我的一些主要特征画了出来，我非常高兴地问她："我也是你的好朋友吗？"

"是的呀，老师。"

顿时，我心里好感动！于是，我把这幅画像珍品一样收藏。

后来，为了让幼儿们很好地表演英语童话剧《金色的房子》，我到资料室领取表演服，却发现小鸟头饰上少了两只眼睛，我找来几张纸，正要给头饰补眼睛，但身边没有椅子，我只能蹲着，后来觉得有点累，就干脆坐地板上了。谁知这时，我突然感觉后背多了一个硬硬的东西，同时身后传来一个小小的声音："老师，给您椅子，您请坐。"我转头看时，只见舟舟已经放下椅子跑开了，我也没有来得及跟她说声谢谢！

卡尔·威特说："对幼儿来说，最重要的是教育，而不是天赋，幼儿成为天才还是庸才，不是取决于天赋的多少，而是决定于出生后到五六岁时的教育。"是的，我非常同意这一点，同时我也坚信，要给幼儿一个宽松的、充满爱的成长空间，平时生活中一点一滴的积累，都能使幼儿成为一个有爱

心、关心他人、尊重他人的人。细细回想，每次组织家长活动时，舟舟的父母总是双双来园参与，舟舟正是生活在这样一个充满爱与关心又非常和谐的家庭里面，才会如此善良和有爱心。

一天，早上户外活动时，舟舟突然跑过来，雀跃着对我说："老师，我明天要送你一条手链。"

我一愣，问："是你自己做的吗？"

她点了点头，然后笑着跑开了。

第二天一早，我正在忙，后面传来一声："老师，送给你。"

我一看，是一条她自己制作的手链。

我连忙伸出我的右手，让她亲自给我戴上，并且高兴地说了声"谢谢"，舟舟又开心地跑开了。

我们一般是不接受幼儿送的礼物的，但是对于这样的一条由幼儿自己制作的手链，我是非常乐意接受的，因为这里面不仅仅包含着幼儿对老师的挚爱，更饱含幼儿对生活、对艺术的一种美的向往。

尽管这只是一条用玻璃丝和两颗小珠做成的手链，但我坚持天天戴在手上，因为我要让舟舟知道，我非常喜欢她送的礼物。

下午我集合幼儿们准备进行集体活动，可因为嗓子不好，不能大声说话。我提醒了幼儿们好几遍，依然有几个顽皮的幼儿在吵闹，这时舟舟就用比较大的声音说："大家不要吵了，老师的嗓子都疼了。"

舟舟这么一说，立刻有好几个幼儿附和："对呀，老师生病了。"

那几个顽皮的幼儿听到以后收敛了许多。

正所谓"鸦有反哺之义，羊有跪乳之恩，马无欺母之心"。动物尚且知道感激、回报父母的养育之恩，何况人呢？舟舟的一句"大家不要吵了，

老师的嗓子都疼了",充分体现了爱的种子已在她的心中发芽、成长、壮大,而她的这句话又得到了其他同伴的认同和支持,这又说明了这颗爱的种子已得到了很好的播撒。

### 点评

> 我们只有把自己放在一个合适而正确的位置上,尤其以做幼儿的好朋友的身份来教育引导幼儿,这样才能真正地去教育好幼儿。幼儿是一本书,要真正读懂他(她)已十分不容易,更何况要去教育他(她)!但如果从一开始就能做到和幼儿一起成长,用幼儿的眼光看幼儿,走进幼儿的心灵世界,做幼儿的好朋友,教育就没有那么难了。